# 木造住宅の
# 設計監理
【改訂版】

貝塚恭子・片岡泰子・小林純子

井上書院

# はしがき

　私たちが住宅を建てるときには，住み手の好みはもちろんのこと，建物の規模や予算，立地条件等により，ツーバイフォーやプレハブ，鉄骨造，鉄筋コンクリート造などの工法の選択肢が存在します。それにもかかわらず，古来からの伝統を受け継ぐ在来木造住宅の人気が根強いのはなぜでしょうか？　現在でも，平成13年度の住宅着工戸数の約43.85％が木造であり，そのうちの約85％近くが在来木造住宅で占めております。

　その理由として，施工業者を見つけやすいことや坪単価が比較的安価で建てることが可能であるなどが挙げられますが，何よりも建築主の心のなかに，柱や梁のもたらす日本的空間への要求が存在しており，それが在来木造住宅の工法へと結びつくのではないでしょうか。

　私たちそれぞれの事務所にも毎年，木造住宅の設計依頼が多くあります。基本設計ができあがると図面化し，現場が始まると監理を行うわけですが，現場では設計者側が提出する矩計図や伏図の通りに施工されないことが多くあります。私たち設計者も図面を書くにあたって，木構造の資料で確認しながら過去の現場で積んできた経験をもとに図面を書いていますが，木材の性質を熟知するのは大変なことです。現場では，木工事に関してはどうしても施工者の経験のほうを重視し，棟梁に「ここは大工にまかせて」と断言されると，つい「よろしく」となってしまいます。確かに木造住宅のできの良し悪しは，棟梁の経験上の勘と腕に頼ってきた面があり，その分，他の工法に比べて在来工法は曖昧さを残したまま続いてきました。しかし現在は，すべての大工が経験豊かとは限らず，特に接合部の金物の扱い方などは新しい知識が必要です。また一方で，快適な住宅づくりのための断熱や通気工法，設備，バリアフリー対策に加え，空気環境等を総合的に判断し，図面や仕様に盛り込むことになり，それらが正確に伝わるよう設計者の現場監理はますます重要になってきました。

　最近では，木造は木質構造として木造軸組工法，伝統構法，枠組壁工法，大断面集成材構法および丸太組構法に分けて考えられています。本書では，建築基準法施行令第3章第3節による木造軸組工法による住宅を，通称の在来住宅として扱います。

　本書は，私たちがこれまで経験してきたこのような事柄をもとに，在来木造住宅の現場監理について，建物の着工から竣工・引渡しまでのプロセスを「マンガ」形式で解説したものです。初めて現場監理を任された主人公「ひのき」が，現場で遭遇するさまざまな問題について，先輩に助けられながらもひとつひとつ解決し，建物を完成させてゆく過程がわかりやすく説明されております。ところで，主人公を若い女性にしたのは，著者3人が女性であることから，それぞれの思いが託しやすかったためです。また，各工程ごとにポイントとなるところでは「解説コーナー」や「豆知識」などを設けるとともに，著者それぞれの新人の頃の苦い体験談を紹介し，基礎的・実用的な事項が楽しみながら学べるよう配慮しました。

　現場で，「なぜだろう？」と疑問を感じたときが，実は知識を深めるチャンスです。本書がそんなときの一助となれば幸いです。

　なお，本書の出版にあたり，ご援助・ご協力いただきました関係各位，また井上書院関谷勉社長，編集部石川泰章さん，同新野智美さんの努力に心から謝意を表します。

2003年4月　　　著者を代表して　　　小林純子

## ●目次●

1章　設計図書の完成から着工　……………………1

2章　遣方・地業工事，基礎工事　……………15

3章　木工事・加工場でのチェック　……………33

4章　建て方・軸組チェック　……………………51

5章　小屋組　………………………………………67

6章　床組　…………………………………………79

7章　屋根仕上げ工事，断熱材の取付け　………93

8章　造作工事，内・外装工事そして竣工　……109

付　Zマーク表示金物・参考資料他　………125

| 工事名称 | | 金森邸新築工事　工程表 | | | | | | |
|---|---|---|---|---|---|---|---|---|
| 月 | 2月 | 3月 | 4月 | 5月 | 6月 | 7月 | 8月 | 9月 |
| 特記事項 | | ▼図面チェック | ▼設計・施工打合せ ・見積・工事契約 ・確認許可 | ▽着工 ▼木材品質チェック ▼基礎配筋チェック | ▼軸組チェック ▼現場審査 | ▼内・外装材決定 ▼配管・配線チェック | | ▼竣工 ▽竣工検査 |
| 設計図書関係 | 設計 | 建築確認審査 | | | | | | |
| 土・基礎工事 | | | | 根切り・基礎 | | | | |
| 軀体工事 | | | | 墨付け・刻み 建て方 | | 断熱材　造作 | | |
| 屋根工事 | | | | | 屋根葺き | | | |
| 外装工事 | | | | | | | サイディング張り | |
| 内装工事 | | | | | | | | クロス張り |
| 設備工事 | | | | 地中配管 | | 壁内配管・配線 | | 器具取付け |
| 外構工事 | | | | | | | | |
| 本書の参照章 | | | 1章 | 2・3章 | 4・5・6章 7章 | | 8章 | |

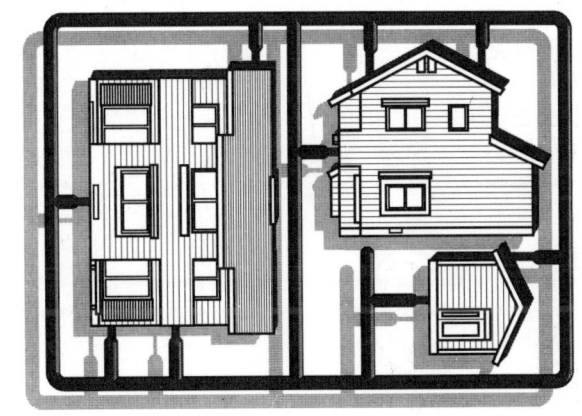

## 登場人物紹介

**木下柾樹(47)**
所長。誠実で粘り強い仕事ぶりに敬服しちゃいます。

**山田ひのき(25)**
私は樹（いつき）設計工房という住宅を専門とする設計事務所の所員です。今回初めて設計監理を含めて物件を任されました。大ボケしないか心配だけど、持ち前の素直さと一本気で頑張りま〜す！

**木下邦子(43)**
所長婦人。OL時代、設計センスと人柄に惚れて所長がゲット！今回の先生役です。

**和田忠治(52)**
和田工務店社長。元現場マンだけにチェックもお金にも厳し〜い。

**森村和彦(28)**
今回の物件を施工する和田工務店の現場管理担当者。どうも邦子さんのファンみたい。

**佐藤源造(56)**
大工の棟梁。「神田の生まれよ」っていう昔気質の職人さん。今回はお世話になります。

**金森夫妻**
建築主さんご夫婦で教員という先生一家。さすがに勉強熱心です。お子さんは2人。

**土屋松太郎(18)**
大工見習い。棟梁に出会い大工を目指したとか。

＊この物語はフィクションであり、登場する団体名、個人名は実在のものとは一切関係ありません。

# 1章
## 設計図書の完成から着工

家、ビル、工場、学校、公園…いろいろあって町はできていますがこれって全部設計した人がいるんだと思うと「すっごいなぁ」って感じしません？
もうすぐ私もその一人になるんです
日本中の建物のうちたかが一軒とはいえ初めて担当者として住宅の設計をしました
これまではオン・ザ・ジョブ・トレーニング各部を先輩から教えてもらいながら担当し設計監理にも同行していましたが
やっぱり責任がない分ひとごとってカンジだったかな
だけどそれはもう卒業で今度は全部自分で手配から監理まで任されました
もう緊張しっぱなし！
今日は邦子さんがマンツーマンで監理のポイントを教えてくれることになっています
よーし！ガンバルぞ!!

おはようございまーす……

ITSUKI 樹設計工房

と、いうことで今回の設計概要です

金森邸新築工事

樹設計工房

う〜んなかなかじゃないの！

さぁ〜ていよいよ設計山田ひのき、か……

今日も一番のりー！

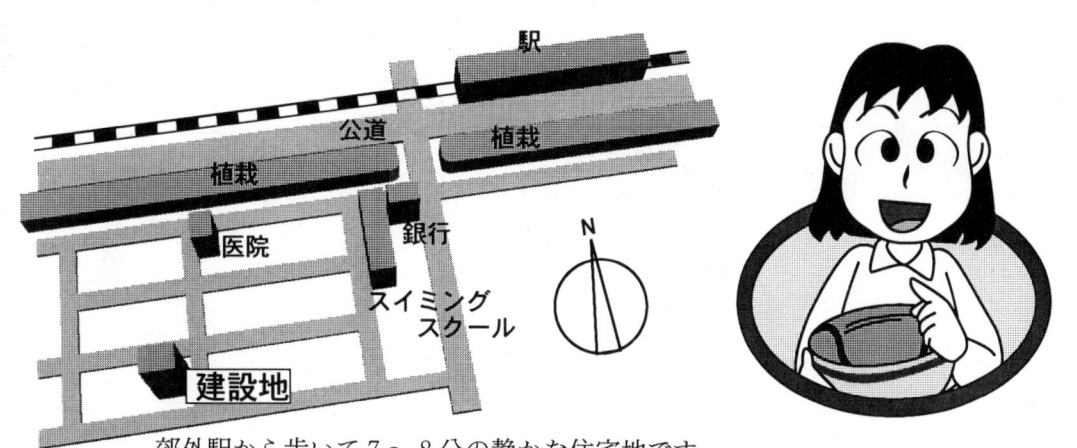

郊外駅から歩いて7〜8分の静かな住宅地です。

7m幅の前面道路は東側にあります。
敷地は東西約16m，南北約14mです。

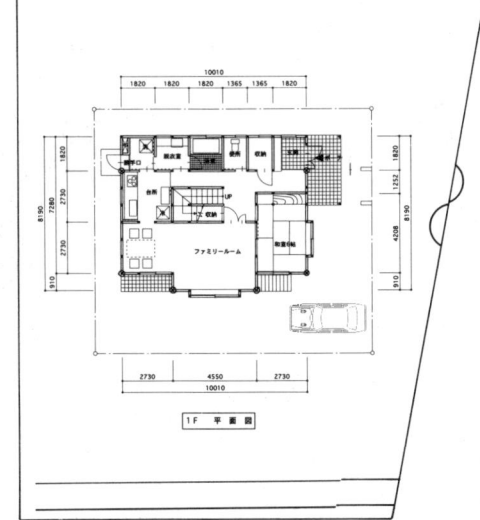

両隣とも木造2階建の住宅です。
工事車両の出入りや騒音など，近所迷惑にならないように注意しなければなりません。

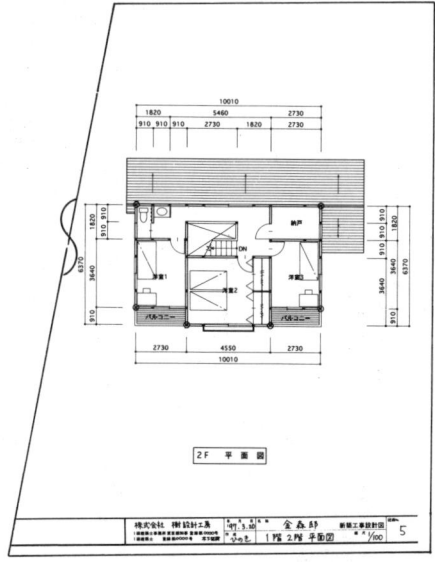

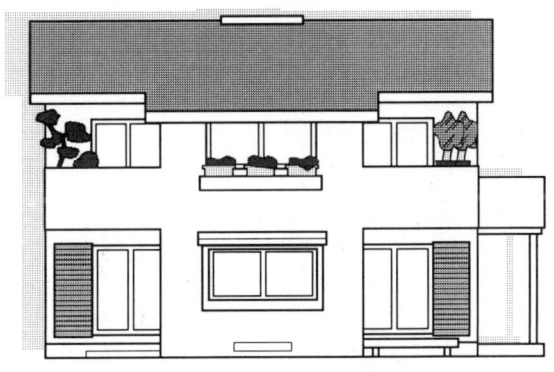

北側斜線の関係で2階はセットバックしています。

南面はシンメトリーに構成して，2階のバルコニーや花台で変化をつけています。

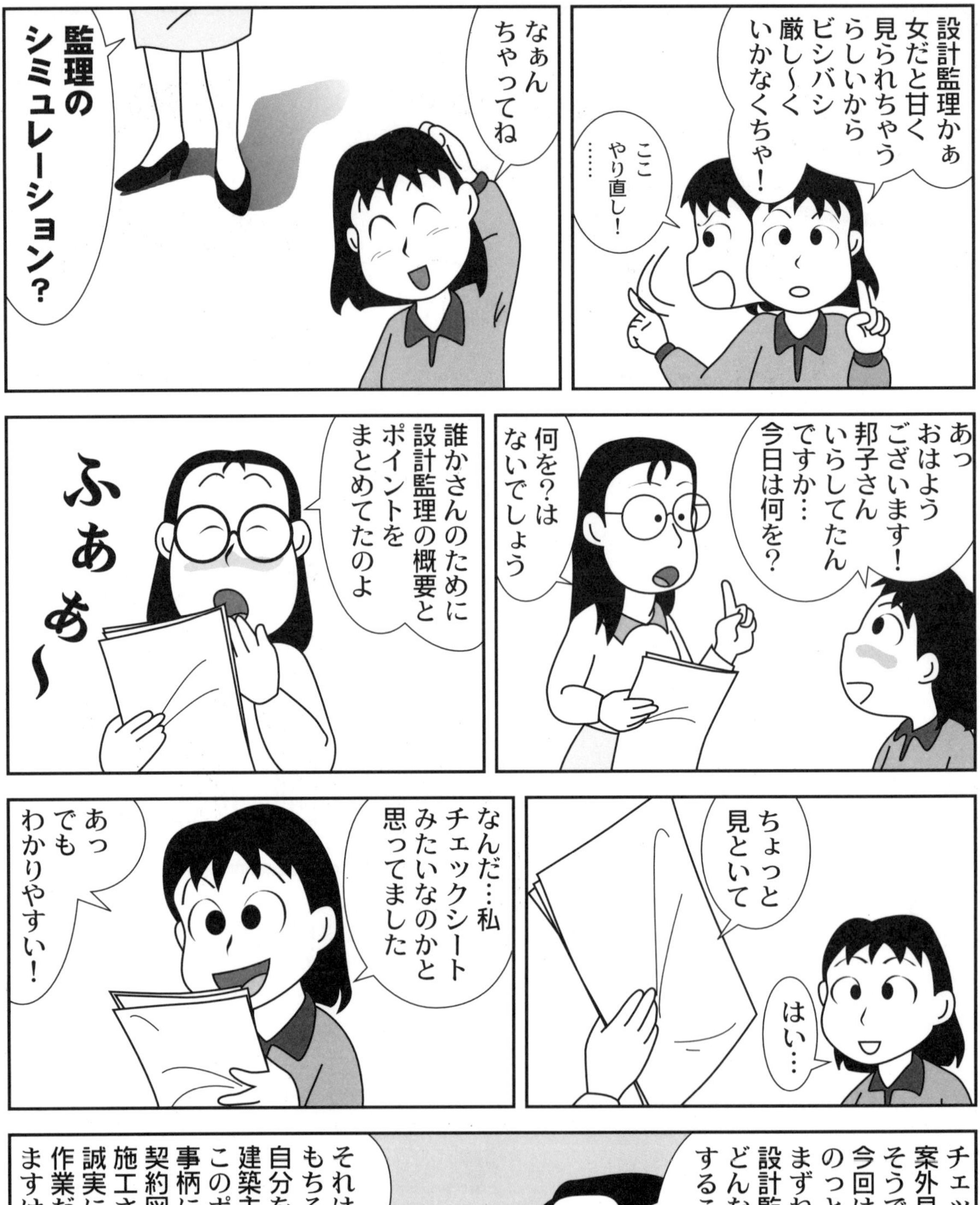

## 設計監理の流れとチェックポイント

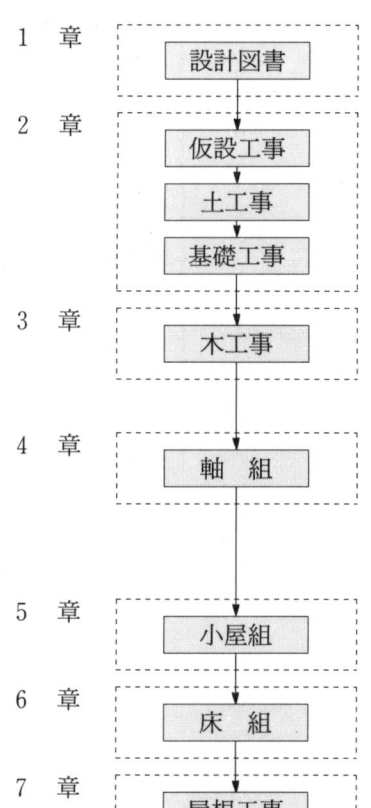

1 章　設計図書
　① 設計意図の把握
　② 工事全体の流れ，契約事項等の把握

2 章　仮設工事／土工事／基礎工事
　① 敷地・前面道路の状況，近隣建物との関係の確認
　② 根切り時の地盤状況のチェック
　③ 基礎配筋が正確か，アンカーボルトの位置が柱や筋かいを考慮しているか

3 章　木工事
　① 木材の性質に適した使われ方をしているか
　② 矩計棒による土台，軒高等の高さのチェック
　③ 乾燥材を使用しているか

4 章　軸組
　① 建ち上がったバランスを見て，力の流れ方の確認と部材の使われ方の再チェック
　② 各部金物が正確に使われているか
　③ 柱・土台・筋かいとアンカーボルトの位置の確認

5 章　小屋組
　① 構造部材各部の使われ方の確認
　② 金物が正確に使われているか

6 章　床組
　（＊床組でのチェック項目は小屋組と同様）

7 章　屋根工事／外壁工事／床工事／断熱工事
　① 屋根・外壁下地材の重ねしろと立上がりの確認
　② 軒裏換気，妻換気等が十分に機能する位置関係になっているか
　③ 窓回りの納まりの確認（防水等）
　④ 断熱材が表裏正しく，隙間なく設置されているか

8 章　造作工事／内・外装工事
　① 各工事ごとの養生は完全か
　② 照明器具・コンセント等の位置・下地の確認
　③ 各部の仕上げ材にふさわしい下地処理がなされているか（クロス張り，塗装，左官等）

● 竣工検査
　① 各部位が設計図通りに完成しているか
　② 各設備が正常に機能しているか

引渡し

そうねぇ…

…こんな感じでお願いします……君は？

私も…邦子先生の設計だもの

…あのー実は金森さんにぜひともお願いしたいことがありまして…今回の設計と監理ですが…
……

……正直いってすごく不安ですが邦子先生のおっしゃる教育の意義もわかります……お願いした品質が保証されるのなら経験のお手伝いをしましょう

ありがとうございます！設計と監理を通して間違いなくお引き渡しします！

あの～主人がお引き受けしたことですからアレですけど…監理って建てている最中のことだから後戻りはできないでしょう？

各工程ごとにチェックしますから見過ごすことはありません

まさかそんな大事な仕事もその人だけに任すんじゃ…

奥様のおっしゃる通りですそれについては木下が同行してチェックの確認役をさせましょう

……邦子さん！

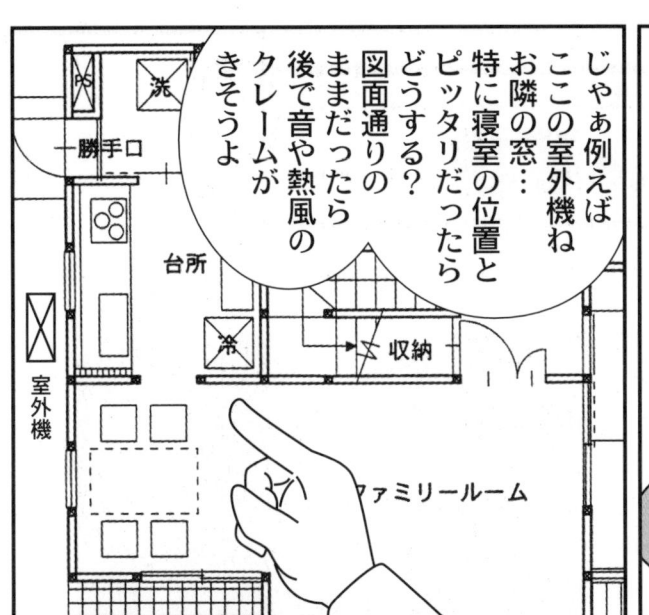

## 邦子さんの解説コーナー

**Q** 木造住宅の設計監理とは，どのようなことをすればよいのですか？

　設計監理とは何かを一言でいえば，**設計図書に基づいて設計者の意図通りに建物を完成させる作業**，ということになります。といっても，建物は地盤の上に建つものですから，工業製品などのようにそのものを単独で完成させればよいというものではありません。地盤や周辺の状況とうまくバランスをとりながら，より良い建物に完成させてゆくことが大切です。そこに監理者としての適切な判断が重要になります。

　設計図書に基づいて監理するといっても，設計図がすべてではありません。二次元の図面上に立体の建物のすべてを表現することは不可能に近いことです。当然，図面に表現されていない部位もあります。しかし，その部分も現場段階ではしっかりと形にしなければなりません。設計意図を理解するうえでも，もう一度自分の目で設計をやり直すくらいの気持ちで，よく図面を見直しましょう。

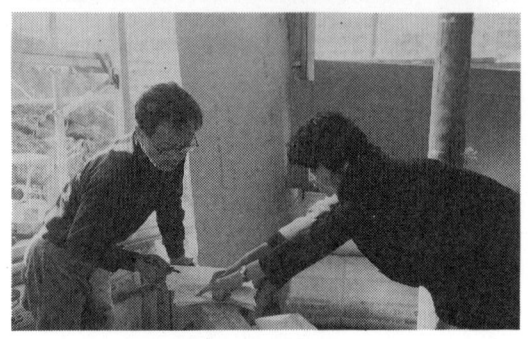

**現場での設計監理のようす**

　そのほか，設計監理の業務のなかには，**工程監理**と**工事契約金額の調整**があることも忘れてはいけません。工程をしっかりと監理するためには，必要な補足図や詳細図等も早めに作り，現場との打合せを密にしておくことが大切です。工事契約で決められた金額を基本に，設計変更その他の増減金額を把握しておくことも設計監理の大事な仕事のひとつです。図面に表現しきれていなかった場合の補足図や詳細図等は，場合によってはコストに関わってくるので，その形と工法を十分に検討して，建築主にも相談する必要があります。

　そこで，設計監理を行ううえでのポイントをまとめると，以下のようになります。

(1) 設計図面をよく見て設計意図をしっかりと理解する，と同時にその他の書類（現場説明事項，質疑応答書等）にも必ず目を通す。
(2) 工事契約内容に目を通す。特に，①工事金額，②竣工引渡し年月日には注意する。
(3) 工程表を確認する。
(4) 施工管理者とつねに連絡を取り合い，コミュニケーションを図る。

おはようございます

うぃーす

あれ？邦子さん早いっすねぇ ああ例のひのきちゃんのやつっすかぁ？

そうなのよ でもいくらここで「監理とは」なんていっても ケースバイケースで結局、現場経験よね

そうそうボクなんかひのきちゃんくらいの頃 横樋の受け金物の取り付けを見に行った時 300mmピッチで入ってたの…

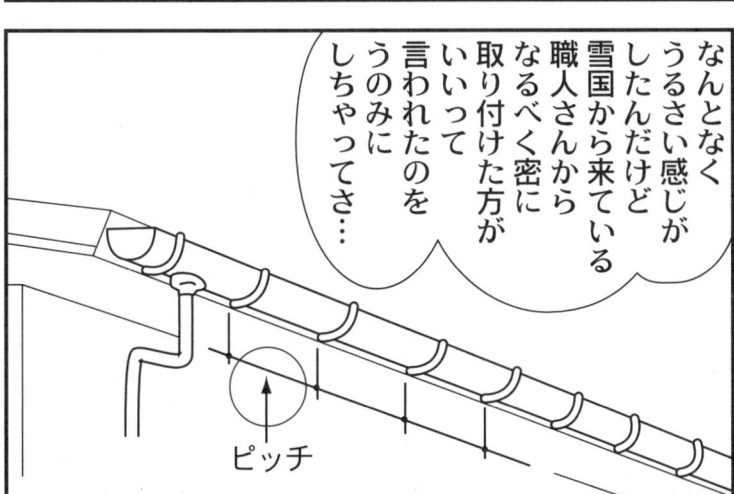

なんとなくうるさい感じがしたんだけど 雪国から来ている職人さんからなるべく密に取り付けた方がいいって言われたのをうのみにしちゃってさ…

↑ピッチ

あったあった
「バカ！お前どこの設計やってんだ！関東じゃ600ピッチで450ピッチ 雪が多い所で300だ！多雪地域が300ピッチで入っちゃ軒先がスッキリ見せたい設計意図からはずれちゃうぞ！」って電話で怒鳴ったんだよ

きっと私も職人さんに乗せられちゃうなぁ…

## いっぷくたいむ

◎地盤調査の方法―スウェーデン式サウンディング試験

建物の基礎については，建築基準法で「建築物の構造，形態及び地盤の状況を考慮して，建設大臣が定めた構造方法を用いなければならない」とされていますが，平成12年5月23日付建設省（当時）告示においては，基礎の寸法，形状，鉄筋の配置の方法等が定められました。また，本告示には地震時のみならず，通常時においても基礎の不動沈下を防止するために，地盤に対応した基礎の種類（下表参照）も定められています。

計画の段階で地盤調査を行い，それぞれの土地の許容応力度，土質，建設地の積雪条件などを十分に考慮し，基礎の種類，鉄筋の配置方法などを決定する必要があります。

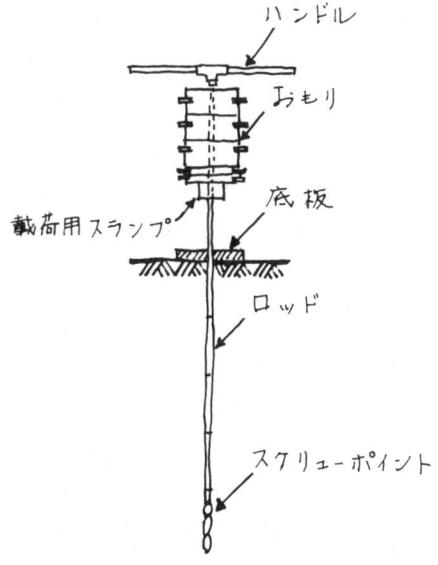

スウェーデン式サウディング試験

許容応力度と基礎の種類

| 地盤の長期に対する許容応力度 | 基礎の種類 |
|---|---|
| 20 kN／㎡未満 | 基礎くいを用いた構造 |
| 20 kN／㎡以上 30 kN／㎡未満 | 基礎くいまたはべた基礎を用いた構造 |
| 30 kN／㎡以上 | 基礎くいまたはべた基礎，布基礎を用いた構造 |

一般的な地盤調査の方法としては，スウェーデン式サウンディング試験があります。これは「スウェーデン式貫入試験」ともいわれ，先端にスクリューポイントを取り付けたロッドの頭部に，100 kgまでの荷重を加えてその貫入量を測ります。貫入が止まったら，ハンドルに回転を加えて地中にねじ込み，1 mねじ込むのに必要な半回転数を測定します。試験時にロッドに伝わってくる音や貫入抵抗から，地盤の硬軟度や土の締まり具合をチェックし，地耐力を推定します。その結果によって基礎の仕様を決め，あるいは補強を考えます。場合によっては，地盤改良を行う必要があります。

地盤調査実施状況

# 私の現場体験談　その1

**中2階のはすが2階に…**

　独立して間もない頃，25坪のこじんまりとしたセカンドハウスを設計しました。場所は東京から遠く離れた南国の地，白浜。吹抜けあり，中2階ありで，通りごとに軸組の胴差しや桁レベルを違えて，室内空間のボリュームを工夫したつもりでした。いま思えば大工さん泣かせ。でも，その当時は図面を渡せばその通りにできるものだと考えていました。現場が遠いせいもあって，基礎配筋チェック後は上棟の日まで監理に行けませんでした。当日，図面が立体化するのを楽しみにして現場に向かいましたが，到着してびっくり。なんと中2階が2階レベルになっているではありませんか。現場では建て主も棟梁もまったく気がついていないようす。図面を広げたまま，さーてどうしようか。事態がわかった棟梁は，最初「このままじゃいけないかァ」と困り果てた状態。「変更すると弱くなるかもしれませんよ」といいながらも最後は納得して直してくれました。幸い2，3日の遅れですみ，建て主が成り行きをだまって見てくださったおかげもあって，完成後は子供たちに喜んでもらえる楽しい家になりました。

　どうしてこんなことが起こったか後でじっくり考えてみたところ，次のようなことがわかりました。大工さんが図面に慣れておらず，平面中心の見かたであったこと，設計者が図面の意図をしっかり説明していなかったこと，大工さんの仕事のしかたがわかっていなかったこと，加工場で板図をチェックしていれば互いの思い違いがわかっていたはず，などなど……。

　離れていたとはいえ，コミュニケーションの不足が原因でした。

# 2章 遣方・地業工事、基礎工事

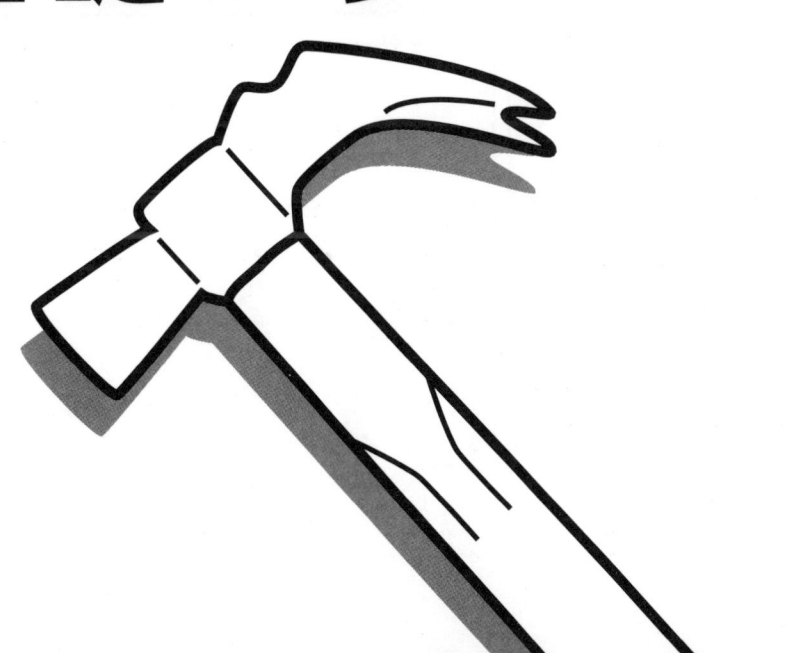

よろしく！

まずまず順調のようですね

やっとですよ写真でお知らせした通り根切りの時このあたりに石が出てきて…予想以上に大きかったんで大変でしたよ

そうですね…そういうことって事前調査だけじゃわかりませんものねぇ

割栗石って図面の記号とイメージが違うな…

よく締まっていますよ！この後捨てコン打って墨入れて…

捨てコン打って墨入れ？捨てコンって墨流してましたっけ？

## 邦子さんの解説コーナー

**Q** 割栗地業後に打設する捨てコンクリートには、どのような意味があるのですか？

　現場では、住宅として立体的な形になる上棟式までの約1カ月の間に、仮設工事、土工事、基礎工事と3種類の工事が進みます。**捨てコンクリート**は**割栗石**を敷き込んだ後、**フーチング**の下に前処理として打たれる均しコンクリートのことで、基礎や型枠の位置決めのための墨出しが正しく行われるようにするためのものです。厚さは20mm程度打ちます。では、これらの工事は具体的にどのような段取りで進むのでしょうか。順を追って説明しましょう。

### ❶地縄張り

　整地された敷地のどのあたりに家を建てるのか、位置を決めるために**地縄張り**を行います。地縄張りというのは、敷地境界（境界杭）および周辺状況を確認し、設計図に基づいて地杭を打ち、縄を張り、建物の位置を確認する作業のことです。ここで大事なことは、**隣地境界線と建物の離れ**（距離）を確認することです。特に、狭小敷地の場合は気をつけましょう。民法では隣地境界線と建物外壁は50cm以上離して建てなければならない、とされています。

　また地縄張りでは、周囲のあきと土中に埋設される上下水道などの各種配管との関係を考慮して決定しなければなりません。特に北側は隣地境界に近接し、ここに埋設配管が集中しがちです。給湯器などの設備機器が設置されることも多いので注意が必要です。

　北側斜線の厳しい場合には、地縄張りで北方向の隣地境界までの距離も決定してしまいますので、全体の高さへの影響も考慮に入れましょう。道路境界までの距離についても、道路斜線に注意をして決定します。

　地縄張りでは、建築主にも立ち会ってもらい、図面の上ではわかりにくかった位置関係を、お互いに理解しあっておくことが大事です。

### ❷水盛り遣方

　地縄張りで建物の位置が決定した後、基礎工事に先だって柱や壁の中心および、基準となる水平を決める作業のことを水盛（みず）り遣方（やりかた）といいます。一見水平に見える敷地でも、測量をしてみると、東西南北に高低差があり、また前面道路にも勾配があります。それらを考慮に入れて、敷地の基準となる高さを決めなければなりません。この基準となる高さ、これを**ベンチマーク**といいますが、これを基に遣方を設けて、根切りの深さ、基礎の高さを決めます。

　ベンチマークは、工事中にも移動す

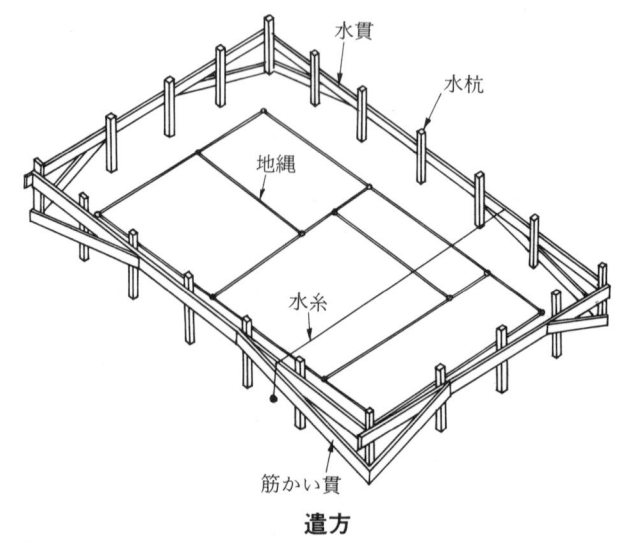

遣方

ることのないような木杭やコンクリート杭を設置します。ただし，移動の恐れのないブロック塀や石作りの門柱などに，地盤面から一定の高さで墨出しして，代用することもできます。

　地縄張りで決めた建物の外壁の外側に少し離して，四隅と要所に**水杭**（みずぐい）を打ち込み，それに**水貫**（みずぬき）を水平に釘打ちします。この水貫に，建物の位置や基礎の位置と中心，基礎の幅などの印を付けてゆきます。

### ❸根切り

　根切りとは，基礎工事を行うために地盤面下の土を掘削する作業のことをいいます。仮設工事の地縄張りで決定した建物の位置に従って，水貫に**水糸**（みずいと）を張り渡し，さらにその水糸に従って，根切り幅の一端に引かれた糸を頼りに，正確に掘削を進めてゆきます。根切り底は，なるべく地山をかく乱しないようにていねいに，すき取るようにして行います。

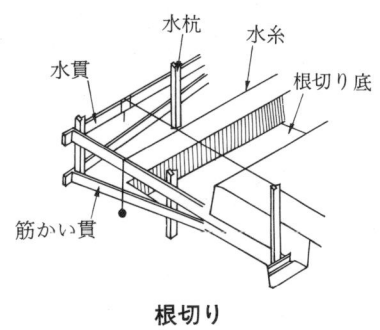

根切り

### ❹割栗地業

　**地業**（じぎょう）とは，建物を安定させるために地盤になされる基礎工事の最初の作業です。地業にはいろいろな種類がありますが，根切り底に**割栗**（わりぐり）石を敷き込んで突き固める**割栗地業**が，最も一般的な方法です。割栗石を均一に敷き詰め，地盤の支持力を高めるために，ランマーで十分に突き固めます。その後，砂を混ぜた砂利で隙間を埋めます。

　割栗石は，たて長の自然石を小端（こば）立てに敷くのが理想とされていますが現実には難しく，一般的には砕石が使用されています。砕石どうしが組み合ってしっかりとした盤をつくるためには，細かい砕石やコンクリートなどを利用した再生のものの使用は避けなければなりません。

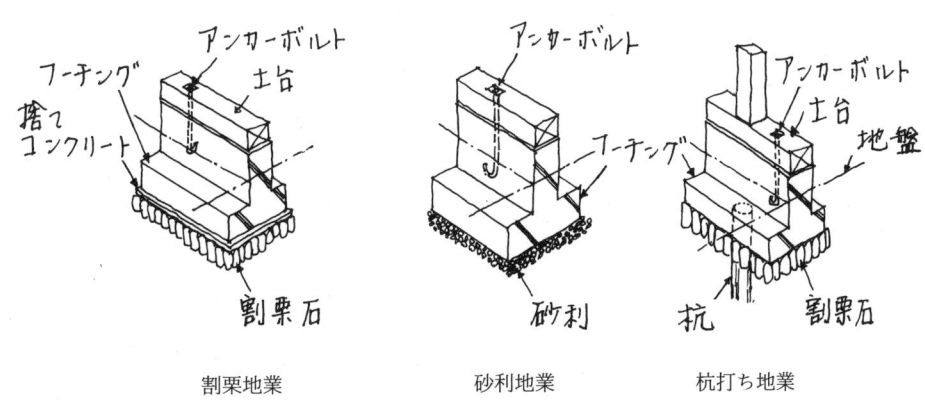

地業の種類

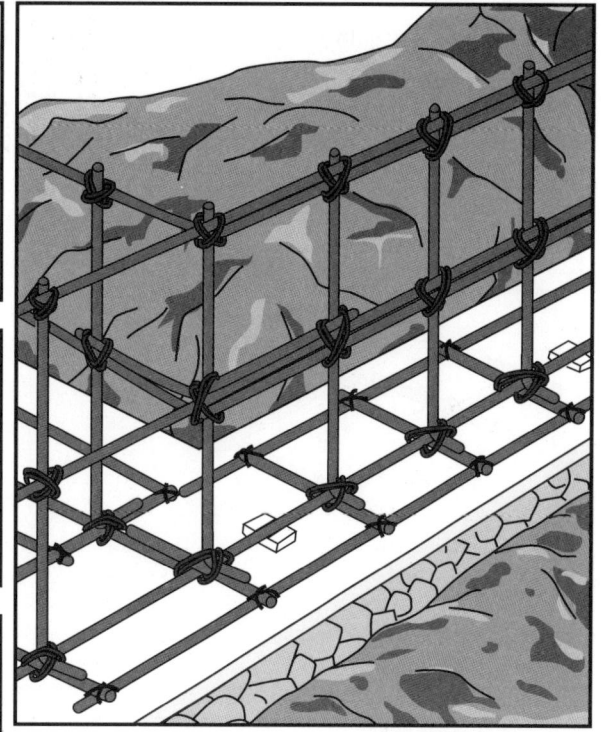

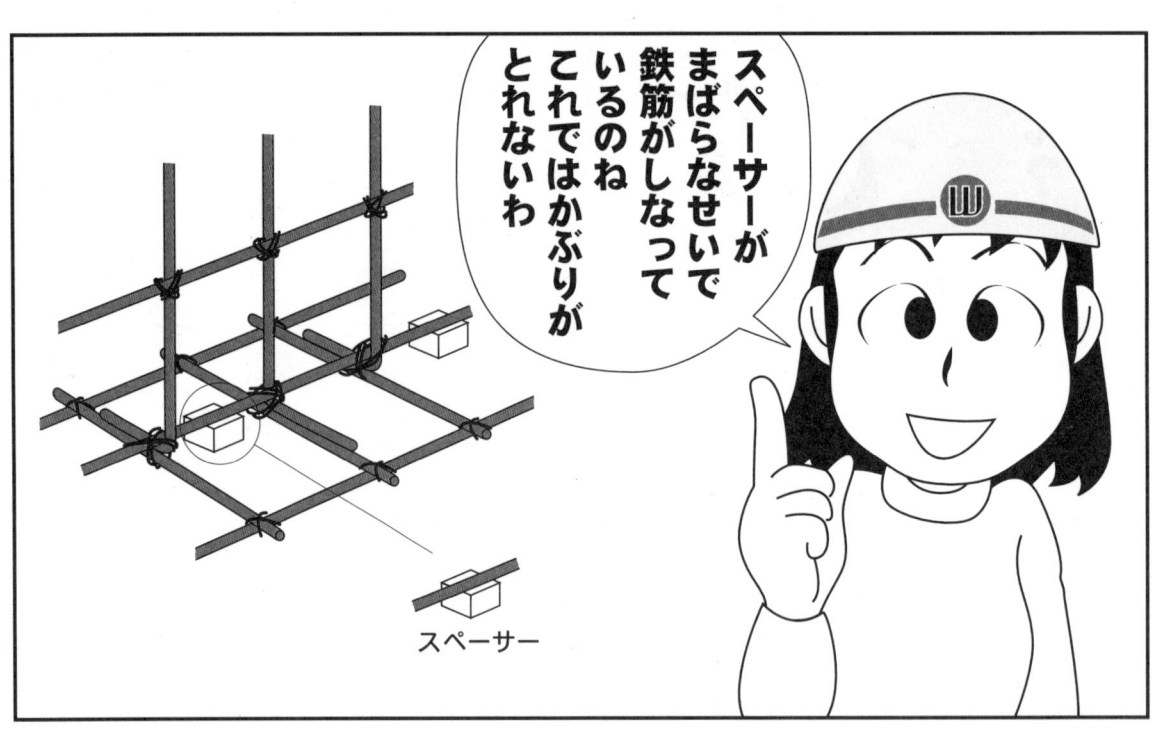

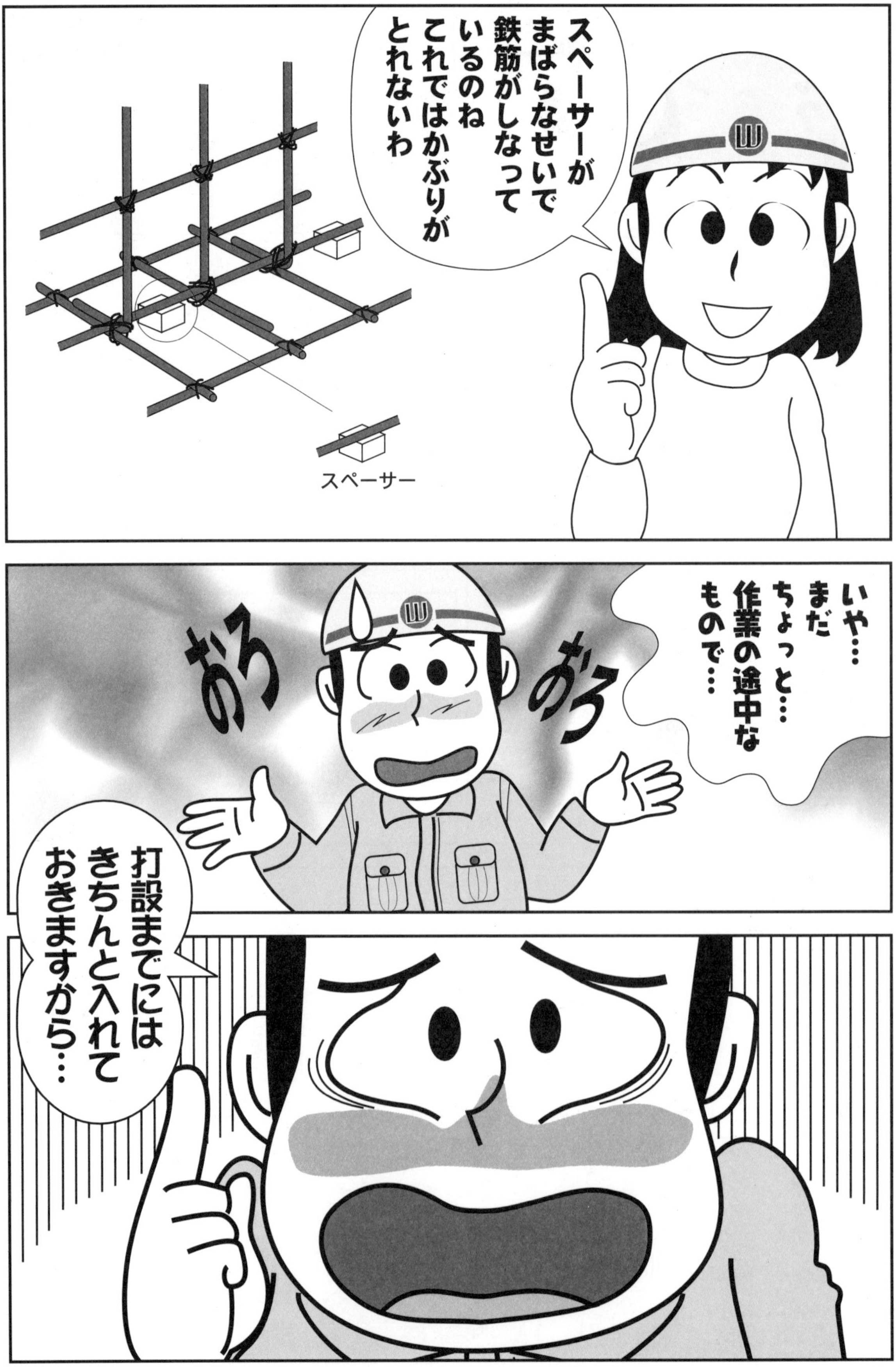

## 邦子さんの解説コーナー

**Q** なぜ基礎底盤下のスペーサーは必要なのですか？

　木造の建物であっても，基礎は鉄筋コンクリート造です。鉄筋コンクリート造は，鉄筋とコンクリートを一体にすることによって弱い部分を補いあい，強度のあるものになります。

　鉄筋に対してコンクリートのかぶり厚は，その部位によって建築基準法で定められています。直接土に接している部分は4cm以上のかぶり厚が必要ですが，基礎に関しては布基礎の立ち上がり部分を除いて6cm以上と定められていますので，スペーサーはその大きさのものを使用しているかを確認します。捨てコンクリートは厚さにカウントされません。

　基礎の配筋で特に注意したい部分は，**フーチング底のかぶり**です。捨てコンクリートの上にじかに鉄筋を置いて配筋したり，また，スペーサーが不足していると，鉄筋が安定せずにコンクリートの重量で下がってしまい，コンクリートの規定のかぶり厚さがとれない場合があります。また，基礎配筋ではコーナー部分と換気孔周囲には，補強筋を忘れずに入れると同時に，鉄筋が突き付けになった部分は重ね継手用の鉄筋を入れることが重要です。その範囲に必要な継手長さを確保した鉄筋を別途用意しましょう。突き付けの状態でコンクリートを打ってしまうと，力が伝わらない結果になります。

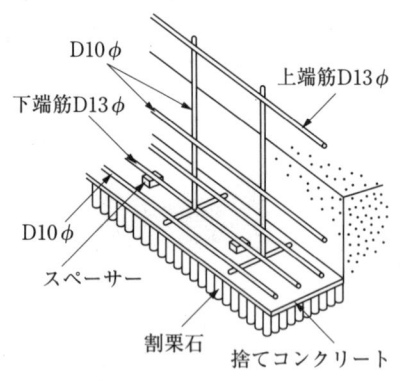

基礎配筋図（布基礎）

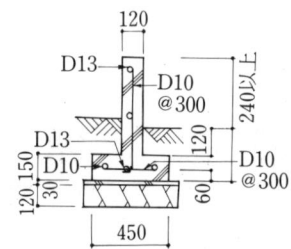

標準配筋図（布基礎）

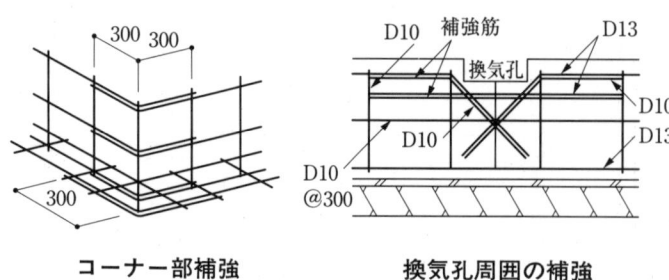

コーナー部補強　　換気孔周囲の補強

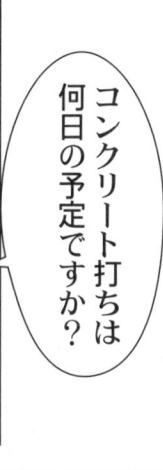

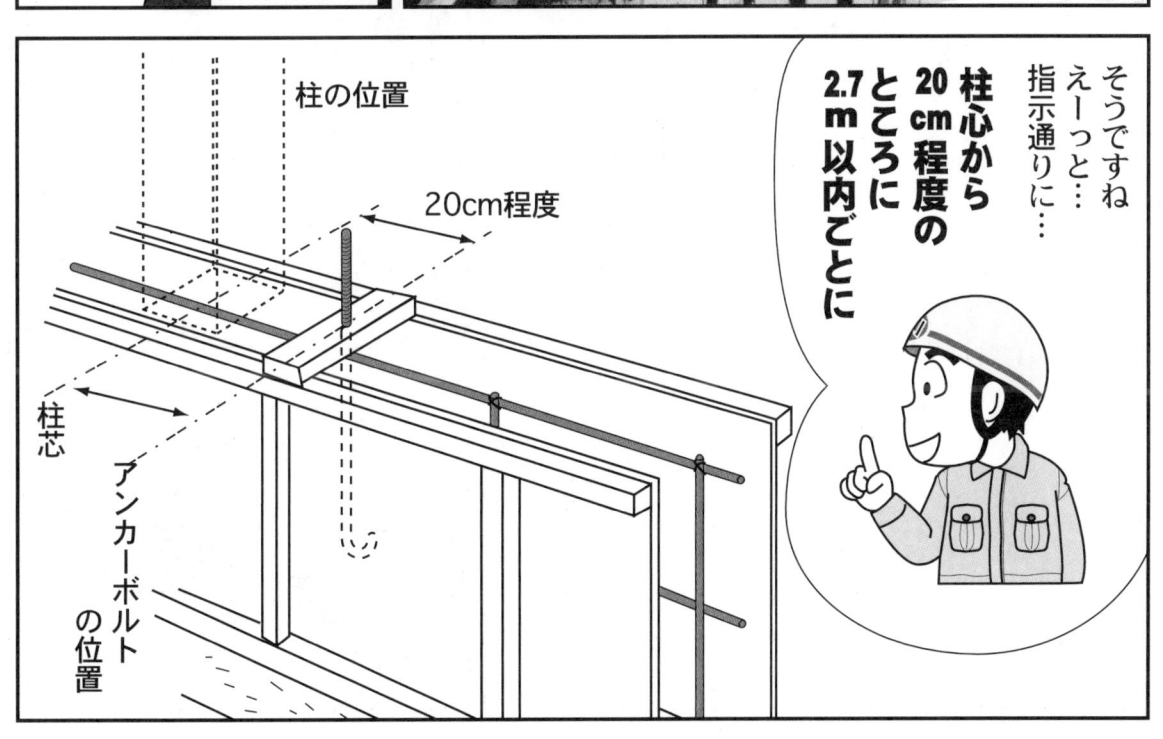

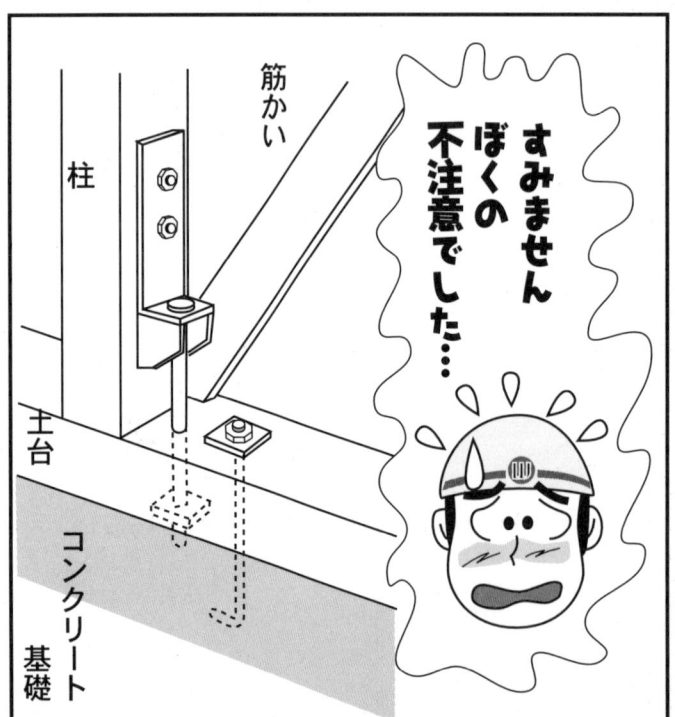

## 邦子さんの解説コーナー

**Q　基礎は建物にとってどのような役割をするのですか？**

　基礎は，建物が沈んだり，傾いたり，ゆがんだりすることのないように，上部建物の荷重をしっかりと地盤に伝えるためのもので，とても大事な部分です。木造住宅の場合の基礎は，**布基礎**が一般的ですが，特に地盤が軟弱の場合（長期地耐力3t以下）は，べた基礎や杭打ち基礎，あるいは地盤改良を採用します。

　布基礎は「連続基礎」ともいい，外周壁と内部耐力壁の下に壁の長さ方向に同じ断面で，連続一体化した鉄筋コンクリート造とします。基礎の深さや形状は，上部建物の荷重と地耐力によって決定されます。また，寒冷地や高地では**凍結深度**を考慮して，基礎のフーチングの下端や土間コンクリートの下端の位置を決定します。

　べた基礎は，建物の底面積全体を一体のスラブにした基礎で，建物の荷重を底面全体で支えるので，軟弱地盤の不同沈下の防止には有効な基礎です。また，杭打ち基礎は，建物荷重を杭を通して地盤に伝えるもので，特に地盤が悪い場合に採用します。

**Q　アンカーボルトを設置するときには，どのような点に注意したらよいのですか？**

　アンカーボルトは，土台が風圧力や地震力を受けることによって基礎からはずれたり，風圧で浮き上がったりしないように，土台を基礎に緊結させる重要な役目をするものですから，埋込み長さや位置，土台との接合は正確に施工する必要があります。埋め込む位置は，通常，柱芯から20cm程度，間隔は2.7m以内，コンクリートへの埋込み長さは25cm以上とします。また，土台切れや土台継手個所，筋かいを設けた耐力壁の部分は，筋かいの上端部が取り付く柱の下部（柱の左右どちら側でもよい）に柱の芯から20cm程度の位置に設けます。面材による耐力壁の場合は，その両端の下部に設けます。基礎のコンクリートを打設した後，アンカーボルトを差し込む，いわゆる「田植え式」の設置方式は，土台の中心からずれやすく，また垂直に埋設できないなどの理由で絶対に避けましょう。

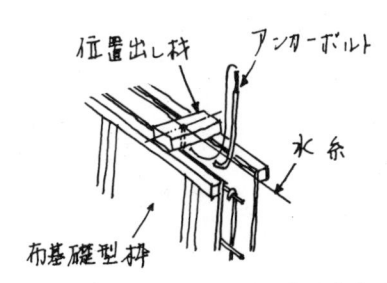

**精度の高いアンカーボルトの入れ方**

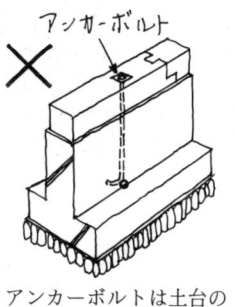

アンカーボルトは土台の雄木側に取り付ける!!

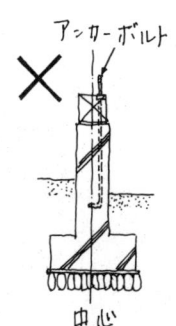

アンカーボルトは土台の中心に入れる!!

**アンカーボルトの入れ方（悪い例）**

では
よろしく…
それでは
次回また…
……あら?
降って
きちゃった
今日は
雨の予報が
でてました
からね
わたし
別件があって
一緒に帰れないけど
傘持ってる?
ないですぅ〜
よろしければ
これをどうぞ
すみません
お借りしま…!
そういえば
事務所にも
いただいたわ
信頼と実績の
和田工務店
会社の設立時に
みなさんに
お配りしたものの
あまりなんです
げっ!

## ☞ 豆知識

　木材は古くなっても，強度の低下はそれほどでもありません。しかし，腐朽や蟻害を受けた木材の強度低下はとても大きいものになります。腐朽や蟻害はどのような場合に起きるのでしょうか。腐朽や蟻害の発育に適した状況，つまり，①一定温度の空気，②湿気，③栄養の3つの条件がそろったとき，腐朽や蟻害はどんどん広がっていきます。このようなトラブルから住宅を守るための対策について解説します。

● 床下換気について

　床下は，水分を含んだ地面に近いので湿気が溜まりやすく，木材腐朽菌が繁殖しやすいところです。そのため，建物の荷重を支える大切な土台や柱を腐食から守るために，基礎の立上がりの部分には換気口を設けます。住宅金融公庫の標準仕様書では，外周部の布基礎に設ける換気口は，間隔4m以内を標準に，有効換気面積300cm²以上とし，ネズミなどの侵入を防ぐために，スクリーンや換気口格子を付けることになっています。特にコーナー部分は，空気(湿気)がこもりがちになるので，その周辺に換気口を設けることは効果的です。外周部の換気口から雨水が流入しないように，換気口の下端は外下がりに勾配をつけます。間仕切り壁の下の布基礎には通風，点検のため大きめの人通口を必ず設けます。

　また，最近では基礎に開口部を設けて換気口を設置するのではなく，基礎の上にゴム製のパッキンをかませて，基礎上端と土台との間に隙間をつくり，通風をうながす方法があります。この方法は，換気口を設けることによって基礎を欠損することがなく，また換気口の上に柱が立ってしまうというようなミスを防ぐためにも有効な方法です。

● シロアリ対策について

　木材を食害するシロアリは，一般のアリとはまったく違った種類の昆虫です。わが国で代表的なものは，ヤマトシロアリとイエシロアリの二種類で，ヤマトシロアリは日本のほぼ全域に，イエシロアリは静岡以西の海岸地域に多く生息しています。

　シロアリは木造住宅の土台や柱など，構造部材を食害するので，その対策には特に気をつけなければなりません。シロアリがすみつくと，一年で土台一本くらいは食べてしまうといわれています。ヤマトシロアリ

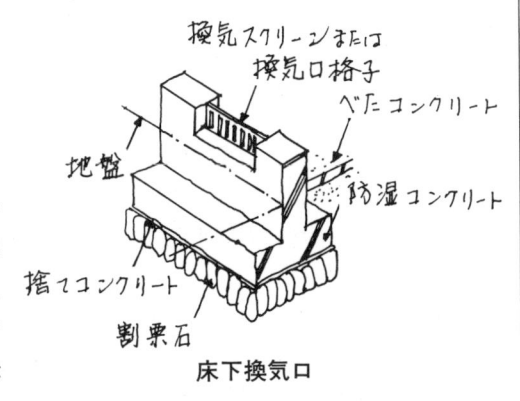

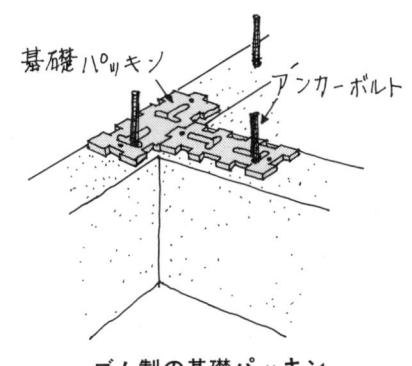

床下換気口

ゴム製の基礎パッキン

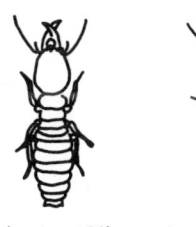

イエシロアリ　　ヤマトシロアリ

木材を食害するシロアリ

とイエシロアリは，その生態と被害傾向は若干異なりますが，いずれにしても多湿な木材を好みます。地面からの湿気を受けやすい土台や根太，大引きなど床材と柱の根元の木部，湿気がこもりやすい浴室や台所まわりの木部，雨漏り等で湿った小屋梁などを食害します。

シロアリの予防策としては，次の3つの方法があります。

(1) 材料の選択

　　木材の樹種を選ぶ……ヒバ・ヒノキ等

(2) 構法を工夫する

　　①木材を地面から離す……基礎を上げる

　　②木材を腐らせない工夫をする……防水等

　　③湿った木材を乾燥させる工夫をする……換気

(3) 薬剤を利用する

　　①加圧処理された木材を用いる……防腐土台等

　　②現場で木材に薬剤処理をする……薬剤塗布等

　　③現場で土壌に薬剤処理をする……土壌処理等

●床下防湿について

床下防湿を行う場合の施工方法を，以下に示します。

(1) 床下地盤全体を周囲の地盤面より盛土し，十分突き固め，60 mm 以上のコンクリートを打設する。

(2) 床下地盤全体に，防湿フィルム 0.1 mm 以上のものを敷き詰める。なお，重ね幅は 15 cm 以上とし，防湿フィルムの全面を，乾燥した砂または砂利押えとする。

防湿コンクリートの施工状況

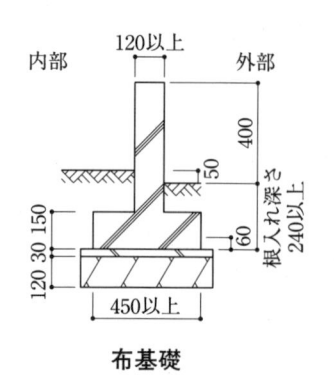

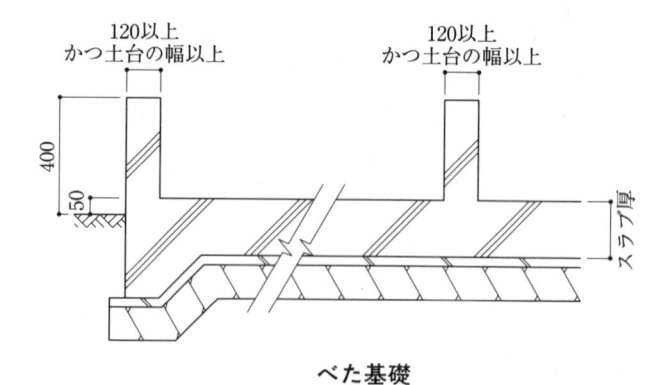

布基礎

べた基礎

# 3章 木工事・加工場でのチェック

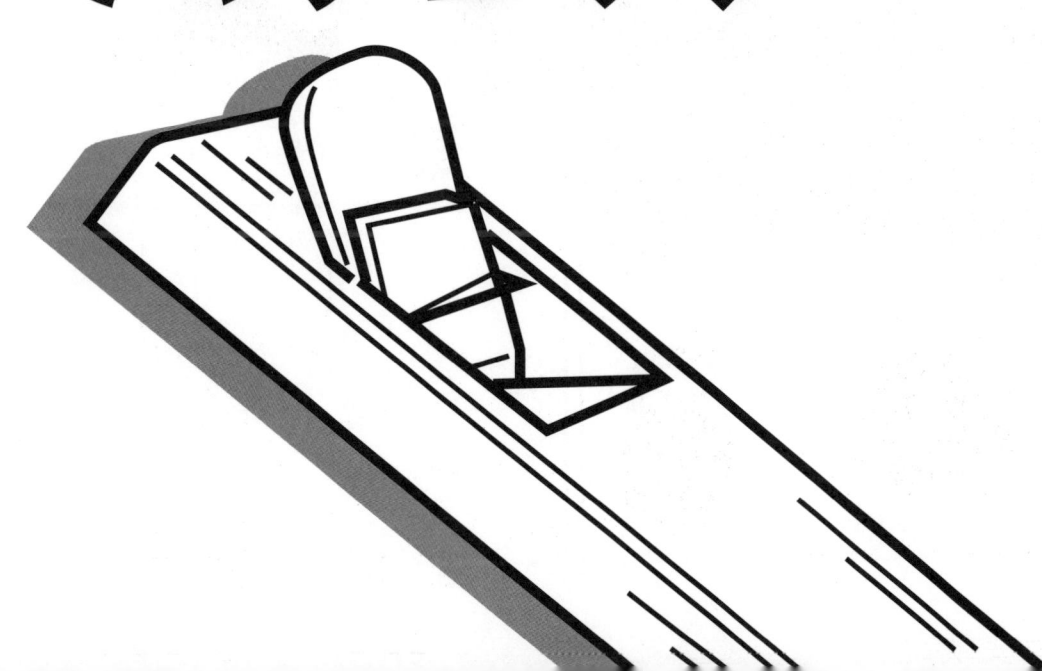

今日は加工場へ木材のチェックに行く日です
請負大工の棟梁は以前に何回か邦子さんの仕事をしたことがあり腕ときっぷの良さは逸品だとか…
ところで私、加工場に行くのは初めてなんです

棟梁いないわね…

あっ彼に聞いてみましょう

あのう佐藤さんはいらっしゃいますか？

私たちは…

あん！いっちゃった

あらぁ〜

ん！？少し待ってもらえ！
へぇっ
てんですぐにいけっかー

ぎくっ

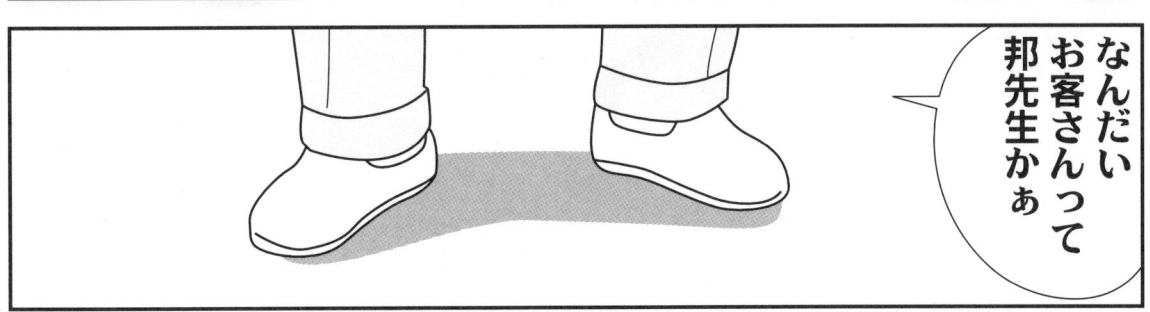

なんか怒っていません？

あの口調なら平気よ

あの〜少しお待ち下さい

はいどうも…

なんだいお客さんって邦先生かぁ

めえにもお客さんだってんであわてて出てったら包丁の研ぎ屋でよう怒鳴り帰してやったさぁうちにくるたぁ勘の悪い奴さねぇ

あいかわらずね源さん今日は付き添いなの金森さんとこはこの子が担当します

山田ひのきと申します

よろしくお願いします

なんでぇいその若さでもう隠居かぁ

ひのきたぁいい名前を授かったねぇ邦先生の子供にしちゃデカイと思ったよ

あたしゃぁ佐藤源造といいます

実は初仕事なんで源さんにもいろいろ協力してもらおうと思って…

そいつぁかまわないがこっちもひよっこを育ててるんだぁさっきの土屋って設計の先生がどんなことをするか立ち合わせてもらうとしますよ

おーい松！ちょっとこい！

それではえ～と…これは杉材ねで…心持ち材……か

う～ん…

大丈夫かい？

……

木造住宅の設計には言うまでもなく木材についての基礎知識が不可欠なわけですがこの現場でしっかりたたき込んでおきましょう

## 邦子さんの解説コーナー

**Q** 建築物に使用される木材にはどのような特性があるのですか？

　木造住宅に使われている木材は，国産材のほかに多種類の輸入材や集成材があり，一般的な部材として流通しています。木材の品質を確保するためにJASで規定されているものは，この規格に適合したものとするか，同等以上と判断されているものを使います。また，良質な木造住宅を経済的に設計するためには，木材に関する基本事項をよく理解しておくことが必要です。

### 1．樹種と使用部位

　木造の構造材で，どの部位にどんな木材が適しているかをまとめたものが下の表です。

**おもな樹種と用途例**

| 部　位 | | 一般に使用される樹種の例 |
|---|---|---|
| 主要な軸組 | 土台 | ヒノキ・ベイヒ・ヒバ・ベイヒバ・コウヤマキ・クリ・ケヤキ　保存処理製材・土台用加圧式防腐処理木材 |
| | 火打ち土台 | スギ・ベイマツ・ベイツガ・ヒノキ・ヒバ・カラマツ |
| | 柱（見え掛かり） | ヒノキ・スギ・ベイツガ・化粧張り構造用集成柱 |
| | 柱（見え隠れ） | スギ・ベイツガ |
| | 胴差し・桁 | アカマツ・クロマツ・ベイマツ・ベイツガ・スギ・カラマツ |
| | 筋かい | スギ・ベイツガ |
| | その他 | スギ・アカマツ・クロマツ・ベイマツ・ベイツガ |
| 床　組 | 梁 | アカマツ・クロマツ・ベイマツ・カラマツ・ベイツガ |
| | 大引き | ヒノキ・スギ・アカマツ・クロマツ・ベイマツ・カラマツ・ベイツガ |
| | 根太 | スギ・アカマツ・クロマツ・ベイマツ・ベイツガ・カラマツ |
| | 火打ち梁 | スギ・ベイマツ・ベイツガ |
| | その他 | スギ・アカマツ・クロマツ・ベイマツ・ベイツガ・カラマツ |
| 小屋組 | 梁（丸太） | アカマツ・クロマツ・ベイマツ |
| | 梁（その他） | アカマツ・クロマツ・ベイマツ・カラマツ |
| | 母屋 | スギ・アカマツ・クロマツ・ベイマツ・ベイツガ・カラマツ |
| | 垂木 | スギ・アカマツ・クロマツ・ベイマツ・ベイツガ・カラマツ |
| | その他 | スギ・アカマツ・クロマツ・ベイマツ・ベイツガ・カラマツ |
| 造作材 | 生地表わし | ヒノキ・スギ・アカマツ・クロマツ・ベイマツ・ベイツガ・スプルース・防虫処理ラワン・化粧張り造作用集成材 |
| | 表面塗装 | スギ・アカマツ・クロマツ・ベイマツ・ベイツガ・スプルース・防虫処理ラワン |

### 2．木材の耐腐朽・耐蟻性

　日本の大部分の地域において木材は，腐朽とシロアリの被害を受ける可能性をもっています（31頁「豆知識」参照）。樹種の選択に際し，耐腐朽や耐蟻性の高い木材を選んでも，耐腐朽や耐蟻性能は心材にあって，辺材にはあてはまらないので，辺材を使用する場合には，必ず防腐・防蟻処理を行わなければなりません。

**樹種と耐腐朽性・耐蟻性能の関係**

| 耐腐朽性／耐蟻性能の程度 | 樹　　種 |
|---|---|
| 耐腐朽性が大／耐蟻性が大 | ヒバ・コウヤマキ・ベイヒバ |
| 耐腐朽性が大／耐蟻性が中 | ヒノキ・ケヤキ・ベイヒノキ |
| 耐腐朽性が大／耐蟻性が小 | クリ・ベイスギ |
| 耐腐朽性が中／耐蟻性が中 | スギ・カラマツ |
| 耐腐朽性が中／耐蟻性が小 | ベイマツ・ダフリカカラマツ |
| 耐腐朽性が小／耐蟻性が小 | アカマツ・クロマツ・ベイツガ |

### 3．木部の防腐・防蟻措置

地面から1m未満の外壁の軸組材（土台以外）は，耐久性の高い樹種を用いるか，防腐・防蟻措置を施します。32頁「豆知識」でも紹介していますが，現場で塗布や浸せきを行う防腐・防蟻措置の方法は木材の使用環境によっても異なるので，専門家に相談するほうがよいでしょう。「クロルピリホス」の薬剤が全面禁止になっているほか，健康上なるべく薬剤を使用しない傾向がありますが，木材の耐久性に影響があるため，薬剤の使用に代わる工夫が必要になります。

### 4．木材の寸法

設計図には使用木材の断面を表示しますが，通常，構造材の場合には**挽き立て寸法**といって，製材したままの寸法を意味します。したがって，かんななどで仕上げをすると，2～3mm実寸法が小さくなります。しかし，**住宅金融公庫の基準金利適用住宅や割増融資の高規格住宅などで「柱寸法120mm以上」**の規定がある場合には実寸法が120mm必要となります。また，設計図に造作材の寸法線が記入されている場合は，設計寸法ですから**仕上がり寸法**を意味します。

**針葉樹構造用製材の規定寸法表（JAS）**

| 木口の短辺(mm) | 木口の長辺(mm) | | | | | | | | | | | | | | | |
|---|---|---|---|---|---|---|---|---|---|---|---|---|---|---|---|---|
| 15 | | | | | 90 | 105 | 120 | | | | | | | | | |
| 18 | | | | | 90 | 105 | 120 | | | | | | | | | |
| 21 | | | | | 90 | 105 | 120 | | | | | 構造用Ⅰ | | | | |
| 24 | | | | | 90 | 105 | 120 | | | | | | | | | |
| 27 | | | 45 | 60 | 75 | 90 | 105 | 120 | | | | | | | | |
| 30 | | | 45 | 60 | 75 | 90 | 105 | 120 | | | | | | | | |
| 36 | 36 | 39 | 45 | 60 | 75 | 90 | 105 | 120 | | | | | | | | |
| 39 | | 39 | 45 | 60 | 75 | 90 | 105 | 120 | | | | | | | | |
| 45 | | | 45 | 60 | 75 | 90 | 105 | 120 | | | | 構造用Ⅱ | | | | |
| 60 | | | | 60 | 75 | 90 | 105 | 120 | | | | | | | | |
| 75 | | | | | 75 | 90 | 105 | 120 | | | | | | | | |
| 90 | | | | | | 90 | 105 | 120 | 135 | 150 | 180 | 210 | 240 | 270 | 300 | 330 | 360 |
| 105 | | | | | | | 105 | 120 | 135 | 150 | 180 | 210 | 240 | 270 | 300 | 330 | 360 |
| 120 | | | | | | | | 120 | 135 | 150 | 180 | 210 | 240 | 270 | 300 | 330 | 360 |
| 135 | | | | | | | | | 135 | 150 | 180 | 210 | 240 | 270 | 300 | 330 | 360 |
| 150 | | | | | | | | | | 150 | 180 | 210 | 240 | 270 | 300 | 330 | 360 |
| 180 | | | | | | | | | | | 180 | 210 | 240 | 270 | 300 | 330 | 360 |
| 210 | | | | | | | | | | | | 210 | 240 | 270 | 300 | 330 | 360 |
| 240 | | | | | | | | | | | | | 240 | 270 | 300 | 330 | 360 |
| 270 | | | | | | | | | | | | | | 270 | 300 | 330 | 360 |
| 300 | | | | | | | | | | | | | | | 300 | 330 | 360 |

## 5．木材の性質

(1) 木材のおもな利点
　①重さの割に強度が大きい
　②適当に軟らかく加工がしやすい
　③原材料が豊富で，計画的な植林と伐採を行う限り永久的に供給できる
　④環境に優しい省エネルギー材である

(2) 木材のおもな欠点
　①耐火性能に劣る
　②腐朽しやすくシロアリ等の虫害を受けやすい
　③節，あて，割れ等の欠点があり，材質が均一でない

　欠点①は柱，梁の断面寸法を大きくしたり，規定の不燃材などで被覆することで，防火構造や準耐火構造の住宅にすることができます。②については防腐，防蟻措置方法が普及しており，設計・施工の工夫で耐久性の高い住宅にすることが可能です（92頁「いっぷくたいむ」参照）。主要な構造材に③を含んでいると構造上の弱点になるので，材の選別にあたっては注意が必要です。

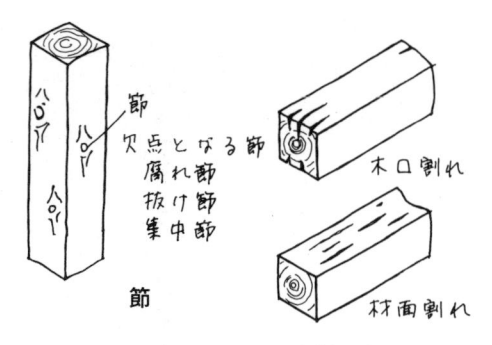

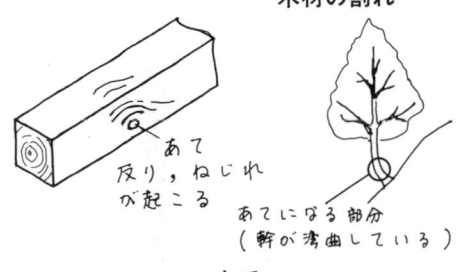

## 6．規格の種類

**JIS**［Japanese Industrial Standard］　日本工業規格のことで，工業製品の品質などを全国的に統一し，または単純化して製品の合理化，取引きの単純公正化および消費の合理化を行うことを目的として定められた工業標準化法に基づいた国家規格。㈶日本規格協会が窓口。

**JAS**［Japanese Agricultural Standard］　日本農林規格のことで，農林物資の品質改善，生産の合理化，取引きの単純公正化および使用の合理化をはかるために，農林物資規格法に基づいて定められた規格。農林水産省の告示で施行されている。木材では素材，製材，合板をはじめ各種の木質材料に対して制定されている。これは㈶日本合板検査会が窓口。また，構造用製材のJASの規格は，針葉樹の構造用製材品を対象としている。

**AQ**［Approved Quality］　安全性および耐久性の優れた木質建材の供給をはかるため，木質建材認証推進事業実施要領に基づいて，JAS規格では対応できない特殊な性能をもつものや新しい木質建材について，㈶日本住宅・木材技術センターが優良な製品の認証を行う。

**ISO**［International Standardization Organization］　国際標準化機構のことで，日本工業標準調査会が加入している国際的な単位，用語などの標準化を推進する機構。

さっきまで同じだった木材が違った顔に見えるようになりました！

でも所長に借りた『日本の技・棟梁』にでていた仕口の写真と感じが違うんですよね

仕口とかっていろいろあるものなんですか？

それって伝統技法の写真集じゃないの？

山田さん その本じゃ違うわけだよ

ここは邦先生のかわりにあたしがお話しましょう！

## 源さんの解説コーナー

**Q** 木造の軸組材の接合で，よく使われる継手・仕口にはどのようなものがありますか？

継手(つぎて)とは，部材の長手方向の接合（Ｉ形接合）のことで，木材の定尺材などをつなぎますが，この部分は木造の最大の弱点となります。したがって継手位置は，平面的にも立体的にも集中しないように乱，千鳥状に配置するのが良い方法といえます。木造住宅で現在，一般的に使われる継手の方法には，**鎌継ぎ，蟻継ぎ**が主流で，ほかには**追掛け大せん継ぎ**などがあります。

仕口(しぐち)とは，Ｌ形，Ｔ形，Ｘ形などの接合のことで，建物の軸組を構成するうえで必要です。種類は**蟻，大入れ，ほぞ差し，渡りあご**などがあります。

### ●プレカットによる継手，仕口

プレカットとは，「あらかじめ切断すること」の意味で，ある程度決められた継手，仕口の範囲が多く，「蟻型，鎌型」は機械加工に適しています。しかし，プレカット材は地域性や工場の特性によって加工内容が異なるため，大工の手加工と同じような部分があります。

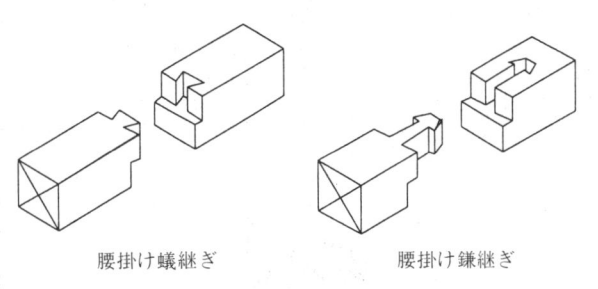

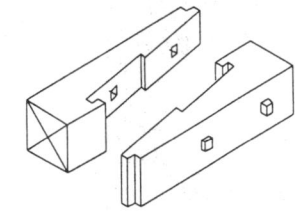

腰掛け蟻継ぎ　　腰掛け鎌継ぎ

追掛け大せん継ぎ

**おもな継手の形状**

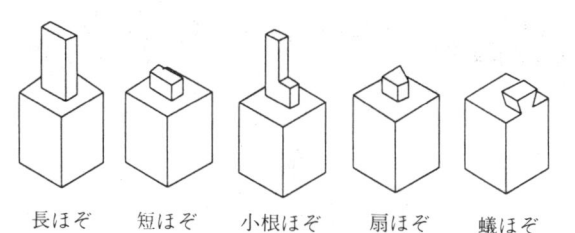

長ほぞ　短ほぞ　小根ほぞ　扇ほぞ　蟻ほぞ

**おもな仕口の形状**

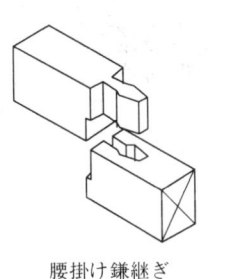

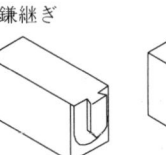

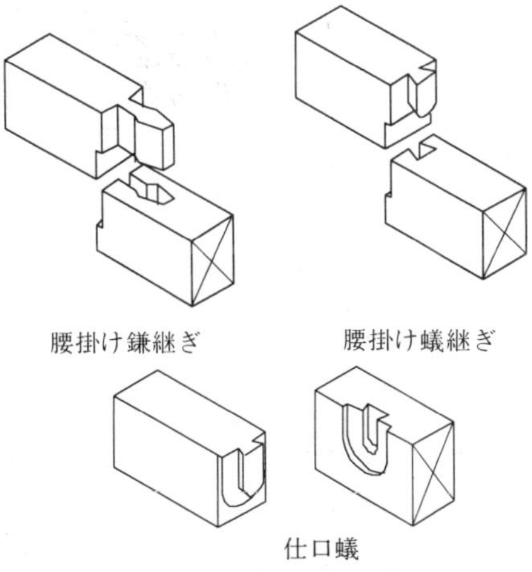

腰掛け鎌継ぎ　腰掛け蟻継ぎ

仕口蟻

**プレカットによる継手・仕口** 　　　　**プレカット工場**

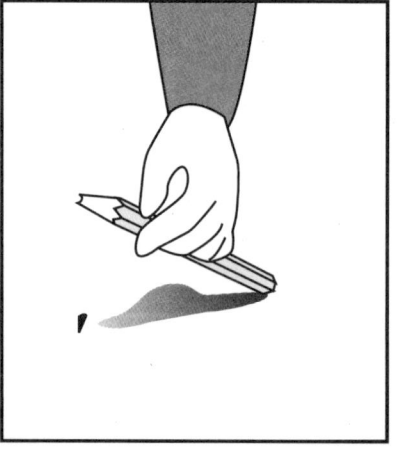

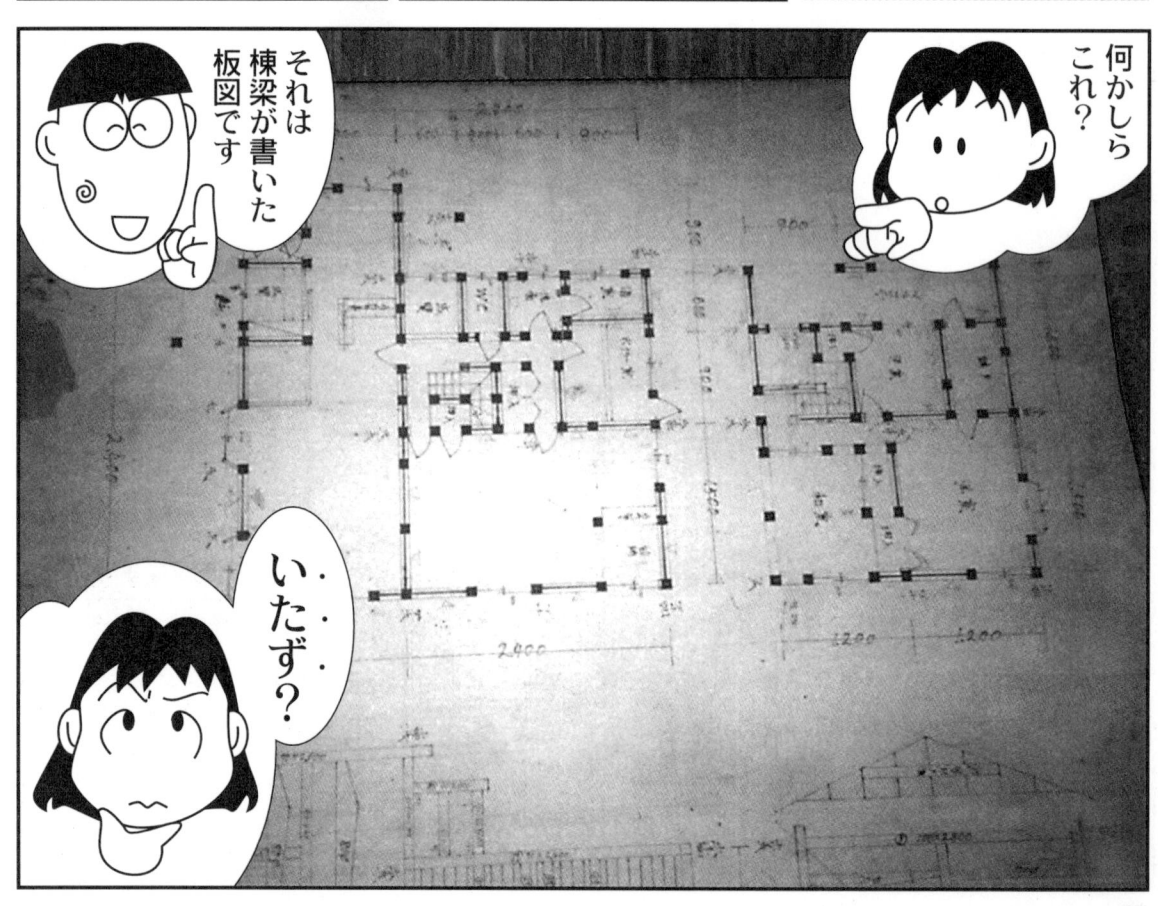

あっ

コト

…すみません

何かしら これ？

それは棟梁が書いた板図です

いたず？

## 源さんの解説コーナー

●加工場での作業の流れについて

ここでは建て方前の，**下小屋**（したごや）と呼ばれる加工場での大工の仕事を紹介します。現場で柱，梁をいっきに建ち上げ，短期間に**野地板**（のじいた）まで張り上げるためには，加工場での大工の準備が重要です。少なくとも建て方前には，主要な軸組材は墨付け，刻みまで行っておかなければなりません。

プレカット部材を用いる場合，設計図の伏図はプレカットの記号を盛り込んだものにする必要があり，加工は大工ではなくプレカット工場となりすが，ここでは基本的な大工の仕事を中心に話を進めます。

| 板図（いたず）の作成 | 板図は**手板**（ていた）とも呼ばれ，設計図を基に図面を書き起こし，軸組を構成します。軸の各通りには通常，図の右下を原点として，北方向に一，二，三…，西方向にい，ろ，は…と**番付け**を振ってゆきます。手板に書くことによって，部材のチェックやむだのない使い回しができるとともに，注意すべき墨付けを書き込んだりします。また，複雑な加工は原寸起こしや型板をつくります。ここで柱や梁の実行の拾いを行います。場合によっては板図を起こさないで，伏図を板に張り付けることもあります。 |

| 墨付け | 大工の墨付け作業は，**板図**を基に**尺杖**（しゃくづえ）と**矩計**（かなばかり）**棒**を用います。尺杖は1尺ごとに目盛りを付けたもので水平方向に，矩計棒は矩計を写したもので垂直方向の長さの寸法を取ります。矩計棒は墨付け時だけでなく，建て方・造作に至るまで高さの基準となります。継手・仕口の墨付けは，**曲尺**（かねじゃく）を用います。墨付けが終わると，部材の設置位置を示す番付けを打ちます。 |

| 番付け | 通常，墨付けは1本の矩計棒を用いて行うため，設計図で床高などに変化をつけている場合は，墨付け前に打ち合わせておくのがよいでしょう。 |

| 継手・仕口の刻み | 刻みの手順は継手・仕口の種類で異なりますが，複雑な仕口ほど当然手間もかかります。一般には蟻，鎌を中心に，追掛け大せんなどで，その種類は少なくなっています。刻みは鋸（のこぎり）と鑿（のみ）による手加工だけでなく，丸鋸（まるのこ），角鑿（かくのみ）などの電動工具を活用し，効率を上げています。軸組の接合が金物併用になってきたり，大工の人手不足から，工務店は工期の短縮，低コスト化を図るために，機械加工に移行する傾向があります。 |

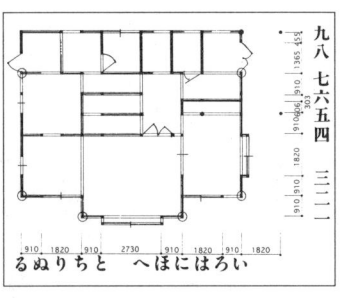

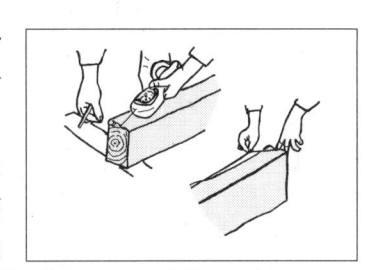

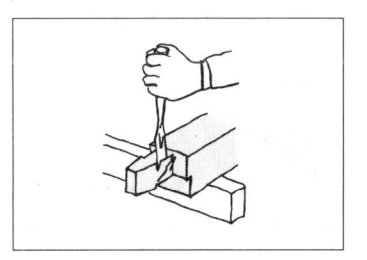

子供の時積み木遊びが好きだったんだけどそれだけじゃ大工さんになれませんね

えぇーおかげさまで…

でも加工場に来たときはどういった要領で検査すればいいのか手順がいまいちで…

どうやらだいぶ目のうろこが落ちたようね

ぼくもよくわからないもんで…

そうね木造の場合検査というより確認ね！それと大工さんと初顔合わせになるから相互の質疑応答にあてたりってとこかしら

それじゃ——ざっと

## 邦子さんの解説コーナー

ファイル　編集　ヘルプ

**Q** 加工場で材料をチェックするときは，どのような要領で行えばよいのですか？

　木造住宅を建てる場合には，設計者が必ず加工場に行くとは限りませんが，加工場で構造材の品質の確認を行ったり，設計図では表現しにくい部分の打合せを行っておくと，建て方以降の仕事が大工にとっても設計者にとってもスムーズに進むものです。
　では実際に，加工場ではどのような点に注意したらよいのか，そのポイントについて解説します。

### 1．主要構造材の樹種と寸法の確認
　設計図または仕様書上で指定している材種寸法や品質の確認を行います（下表参照）。

**部材品質チェック表**（金森邸新築工事）

| 部　位 | | 材　種 | 寸　法 | 品質・乾燥程度・備考 |
|---|---|---|---|---|
| 軸組材 | 土台 | ツガ | 120×120 | 加圧式防腐処理土台 |
| | 通し柱,外隅柱 | ヒノキ・スギ | 120×120・105×105 | |
| | 管柱 | スギ | 105×105 | |
| | 見え掛かり柱 | ヒノキ | 120×120 | 化粧張り構造用集成材 |
| | 床梁 | アカマツ・ベイマツ | 伏図による | |
| | 胴差し | アカマツ・ベイマツ | 105×105 | |
| | 小屋梁 | アカマツ・ベイマツ | 伏図による | |
| | 母屋，棟木 | アカマツ | 伏図による | |
| その他 | 根太 | ベイツガ・ベイマツ | 45×55・40×100 | |
| | 垂木 | ベイツガ | 35×105 | |

### 2．特殊な加工がある場合
　直線で納まらないカーブのあるものなど，部分的に原寸（あるいは1/2程度）型板での確認を行います。複雑な軸組の場合には，模型で確認することもあります。

### 3．主要構造材の継手・仕口の種類の確認
　継手・仕口についての意見を述べるためには，木材のことや大工の仕事についての理解がなければなりません。そのうえで構造上，意匠上で必要があれば指摘することもあります。

### 4．プレカット部材の場合
　通常は，工務店や大工が付き合いのあるプレカット工場を決めています。しかし，設計者が特殊な接合金物を使用したり，継手・仕口に特別の要求をするときは，対応できる機械設備が必要となるため，設計者側がプレカット工場を紹介することもあります。
　現在はプレカット工場も多く，大きく分けて2種類の特徴があります。一つは生産効率を重視した一貫性をもつもので，CAD/CAMによる全自動機で主要構造材だけでなく，間柱，垂木や根太等の部材も加工しています。もう一つは構造材を中心に加工し，注文に応じて便利で汎用性のあるものがあります。
　プレカットは，いったん加工に入ると変更がききにくいので，事前に加工図を作製してチェックを入念に行います。加工図は，プレカット工場が設計図を読み取り作成する方法と，設計者が作成する方法があります。

さっそくだけど山田さんちょいと辛口の話をさせてもらいますよ

ここですか？

ここんとこの2階の梁成は設計通りだと足りないんだよ

でもこのスパンなら基準値でいけるはずだけど…

はい…

基準値通りならそうだがここんとこにゃこっちの荷重が入ってくるんでねぇ…だからちょいと大きくしてありますよ

……そうだわうっかり見過ごしてたわ

あら！そうだわ

そうかぁ建てる前にわかってよかったわ

あと建て主に推薦する床柱や床框がまだ決まっていないんですがそこのは床柱ですか？

そいつぁあたしが銘木の特売で買ったんだがお見せしようと思ってた材です金森邸にどうですかね？

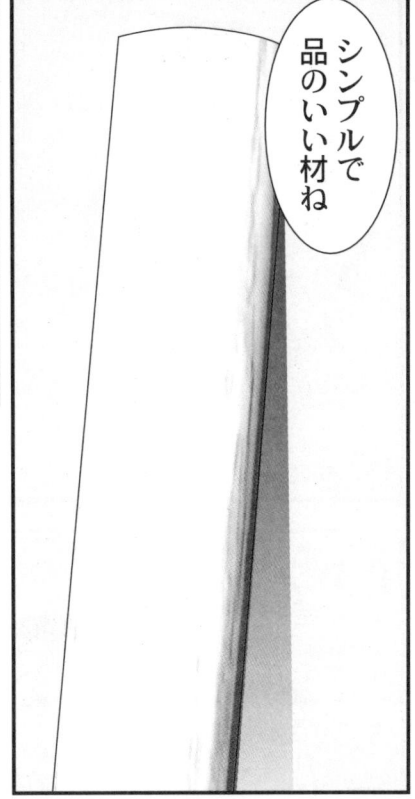

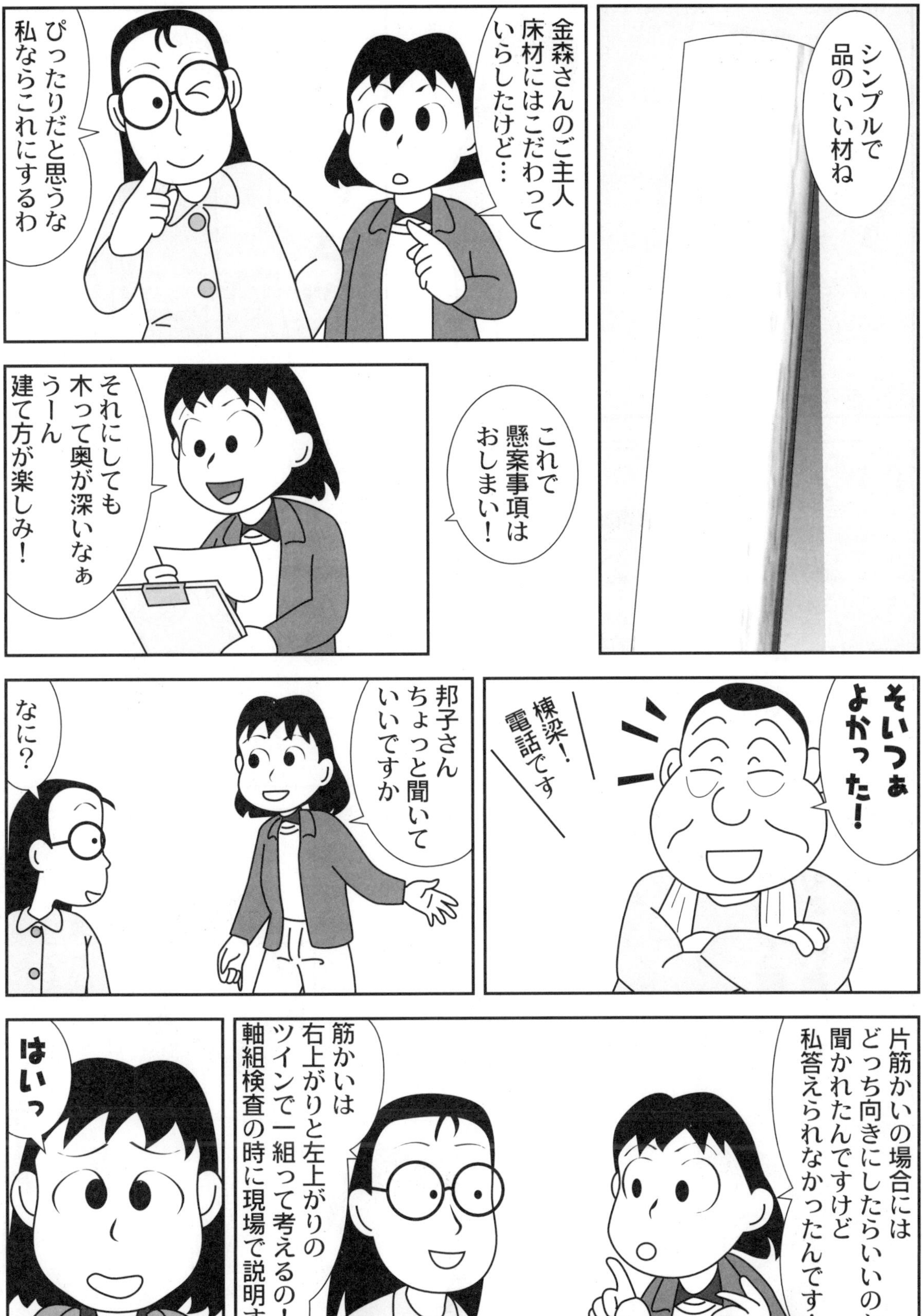

シンプルで品のいい材ね

金森さんのご主人床材にはこだわっていらしたけど…

ぴったりだと思うな私ならこれにするわ

これで懸案事項はおしまい！

それにしても木って奥が深いなぁうーん建て方が楽しみ！

棟梁！電話です

そいつぁよかった！

邦子さんちょっと聞いていいですか

なに？

片筋かいの場合にはどっち向きにしたらいいのか聞かれたんですけど私答えられなかったんです…

筋かいは右上がりと左上がりのツインで一組って考えるの！軸組検査の時に現場で説明するわ

はいっ

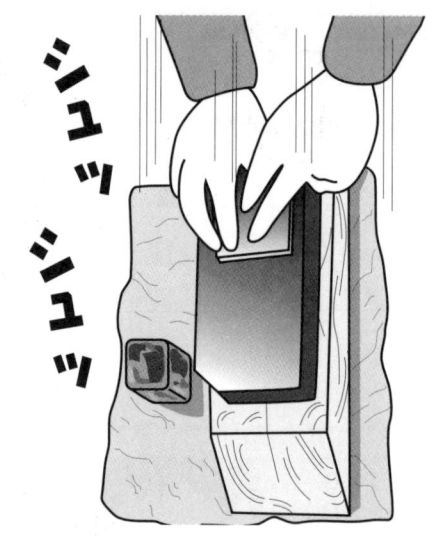

源さんが育てているんじゃいい腕になるわね

松ですか？以前にやった現場の隣に住んでたんですよ　毎日現場に来てて大工に興味を持っちゃったらしくてとうとう弟子入りですよ　いまどきの子にしちゃ辛抱強い子でね

きょうび墨つけられる大工が減ってきているがあの若さで頑張ればモノになってくれましょうよ

すみません研ぎを見せてもらってけっこう難しいんですね…

そりゃこれだけの木材を生かすも殺すも加工する道具が命よね、棟梁！

腕って言ってもらいたいねぇ邦先生！

あら失礼しました

## 👉 豆知識

### ●木材の含水率と乾燥

木材は，伐採した時点では多量の水を含んでいますが，乾燥していく過程で木材中の樹液などの遊離水が蒸発してゆきます。遊離水が蒸発した点を「繊維飽和点」と呼び，この時点ではまだ乾燥時点の重量の30％の水分を含んでいます。木材は繊維飽和点以上に乾燥させなければなりませんが，さらに乾燥させると木材は著しく収縮します。木材の収縮率は繊維方向によって異なり，樹幹方向0.1％，直径方向3.0〜5.0％，円周方向6.0〜15％となり，また赤身(あかみ)と白太(しらた)とでは，白太のほうが収縮率が大きいとされています。したがって，材料は十分乾燥したものを使用しないと，反りや割れの原因となります。木材の含水率は，木材の重量や見かけの比重を左右するだけでなく，寸法の伸び縮み，強度および耐久性に影響を及ぼします。

わが国の大気の温度と湿度に平衡した含水率は，約15％といわれています。また，現在のように空調された室内の平衡含水率は，さらに低くなります。

$$含水率 = \frac{含有水量}{木材全乾重量} \times 100$$

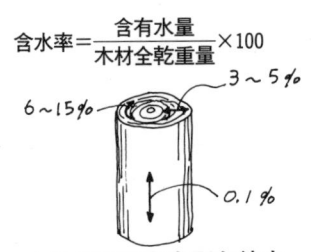

木材の繊維方向別収縮率（3〜5％，6〜15％，0.1％）

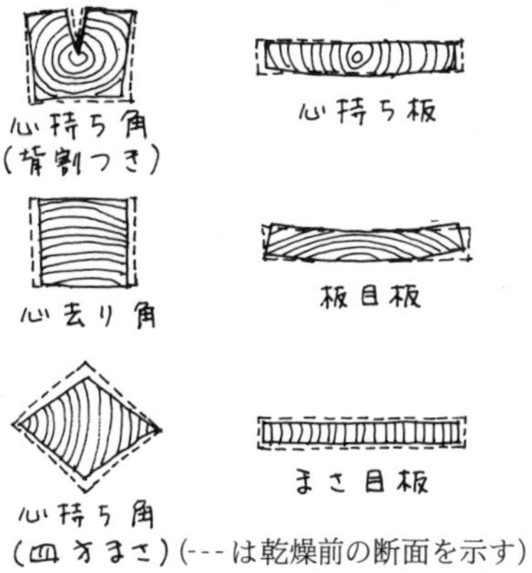

製材の乾燥による断面の変形
心持ち角（背割つき），心持ち板，心去り角，板目板，心持ち角（四方まさ），まさ目板
（---は乾燥前の断面を示す）

### ●JASなどの乾燥基準

JAS（日本農林規格）では，製材の乾燥基準は次のように定めています。

**建築用木材の各種乾燥基準**

| 日本農林規格（JAS） | | |
| --- | --- | --- |
| 用　　途 | 材　種 | 含水率等 |
| 針葉樹構造用製材 | 乾燥材 D 25<br>乾燥材 D 20<br>乾燥材 D 15 | 25％以下<br>20％以下<br>15％以下 |
| 針葉樹造作用製材 | 乾燥材 D 20<br>乾燥材 D 18<br>乾燥材 D 15 | 20％以下，仕上げ材はSD 20と表示<br>18％以下，仕上げ材はSD 18と表示<br>15％以下，仕上げ材はSD 15と表示 |
| 針葉樹下地用製材 | 乾燥材 D 25<br>乾燥材 D 20<br>乾燥材 D 15 | 25％以下，仕上げ材はSD 25と表示<br>20％以下，仕上げ材はSD 20と表示<br>15％以下，仕上げ材はSD 15と表示 |

| 建築仕様書 | | | |
| --- | --- | --- | --- |
| 種　類 | 材　種 | A　種 | B　種 |
| 日本建築学会建築工事標準仕様書（JASS 11） | 造　作　材 | 18％以下 | 20％以下 |
| 建設大臣官房官庁営繕部建築工事共通仕様書 | 構　造　材<br>下　地　材 | 20％以下 | 25％以下 |

注）A種：高級住宅，B種：中級住宅

●木材の乾燥の方法

木材の乾燥方法には，天然乾燥と人工乾燥とがあり，一般には次の方法が用いられています。

①葉枯らしおよび丸太の天然乾燥：伐採した樹幹を穂付きのまま林内に横たえ，葉からの蒸散作用により乾燥を進める方法

②製材の天然乾燥：日陰で通風を良くした状態で，材間に桟木を挟んで横積みし，長時間放置させる。材種によっては干割(ひわ)れ，色変わりなどを生じやすい。

③人工乾燥：除湿乾燥……ボイラーを用いず，除湿器と送風機で行う簡易な方法

蒸気乾燥……乾燥技術は確実な人工乾燥法であるが，小規模の材ではコスト高になる。樹脂抜きやコンディショニングも可能。

---

### いっぷくたいむ

◎銘木—その種類と使い方

いわゆる銘木と呼ばれるものには，2種類あるということをご存じですか？ 一つは銘木本来の無垢(むく)材で優れた品質をもつもの，もう一つは人工的につくられた加工銘木です。現在の銘木の概念は，銘木標本館（日本住宅・木材技術センター）によると，次のように定義されています。

①材面の鑑賞的価値がきわめて高いもの（例：幕板(まくいた)，糸柾(いとまさ)の板）

②材の形状が非常に大きいもの（例：太径丸太，長尺一枚板）

③材の形状がきわめてまれなもの（例：サクラツツジ）

④材質が特に優れているもの（例：木曽ヒノキ）

⑤たぐいまれな高齢樹（例：イチイ）

⑥入手がなかなか困難な天然木（例：天然カラマツ）

⑦たぐいまれな樹種（例：ビャクダン）

⑧由緒ある木（例：春日局ケヤキ）

⑨そのほかきわめて高価な木

銘木の範囲は，希少性の高い木材全般に及び，時代とともに変化しています。また，本格的な和風住宅が少なくなり，住宅において銘木が使用されるのは和室の造作，特に床の間まわりだけになっているのが一般的です。以下に床の間に用いられる銘木を挙げてみました。

| 床　柱 | 角柱：ヒノキ，スギ，アカマツ，キリ，ケヤキ，クワ　等<br>唐木材：シタン（紫檀），コクタン（黒檀） |
|---|---|
| 床　框 | 塗り框：黒ろう色漆塗り，ため塗り，うるみ塗り<br>素地框：シタン，コクタン，カエデ，カリン，ケヤキ　等 |
| 床　板 | ケヤキ，マツ，トチ等を用いるが，収縮や狂いを防ぐために，薄板を練り付けしたものが多く使われる。 |
| 落し掛け | 本床：ヒノキ，スギ，キリ等の軽い感じの材。見付けは柾目。<br>変り床：すす竹，角材，変木等 |

# 4章 建て方・軸組チェック

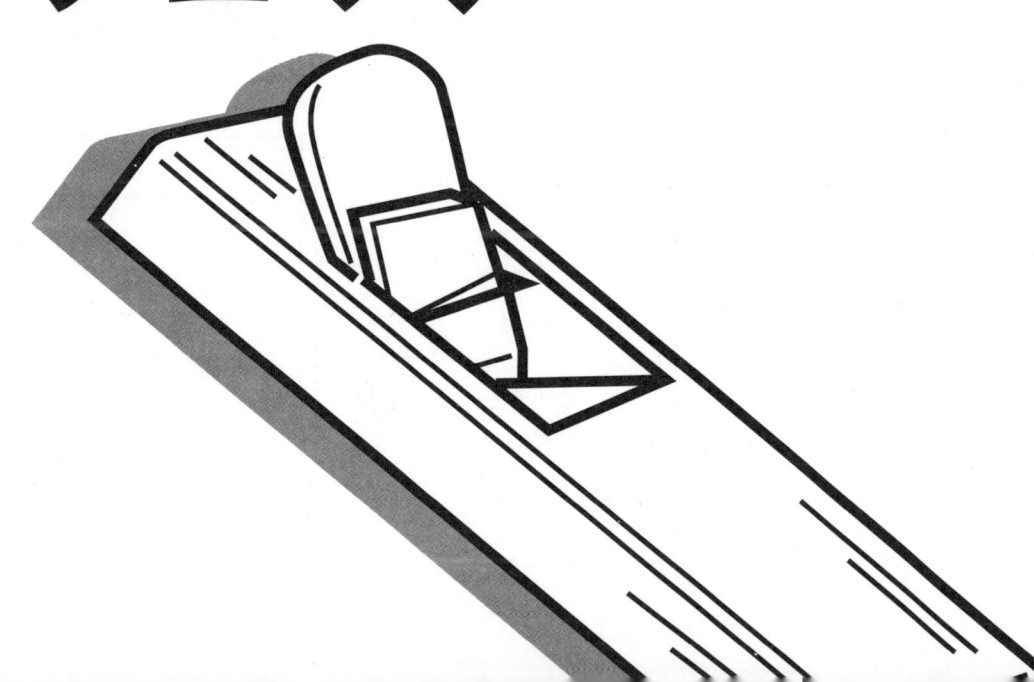

おーい、松！耕作の指示もらえ！

ずいぶん早くから始めていたんですね

はい
きのうのうちに土台敷きは終わり建て方が始まっています

みなさんは棟梁のところの方ですか？

あの方たちは仲間の大工さんで鳶職たちも来ています

あの〜今日は木下さんは？

間もなく来ると思いますよ

あっ そうですか

もし何か気がついた所があったらどうしましょう?

建て方ですか?まずないでしょうね 私どもの社長から聞いた話ですが建て方時には設計者といえども口出ししないものみたいですよ

あっ!ちょっと失礼します

ずいぶん熱心に見てるのね

あっおはようございます 建て方を見るのって初めてじゃないんですけど…

あのー今日一日で終わるものなんですか?

小規模の住宅だと土台敷きから上棟までいっきに一日ね

でも前の日に土台敷きを行うのが多くなったけど

私、あの槌音って好きなんです かんな掛けの音も気持ちいいですよね

しゅっ
しゅっ

現場で加工は行わないわね 加工場での軸組の刻みが建て方時にぴたっと納まるのが大工の腕の見せ所ね! 源さんのとこだったらバッチリよ!

あの筋かい変ですね 材も頼りないしおかしな所に入ってませんか?

あれはねぇ 施工時のゆがみ防止に使う仮筋かいよ 建て方は初めてじゃないのよね?

そっかぁ!

ちょっと心配になってきたわ…

いやぁ〜 樹設計工房の先生方ご苦労さまです

山田先生はご担当が初めてと森村から聞きましたが なにかこう気持ちが高揚しませんか?

そ…そうですね とにかく無事にって思っています

安全第一ですね それはもう心得ていますよ

では後ほど

和田社長張り切ってますね

現場マンだったらしいからね

この調子だと2週間後には検査を受けられる段階まで進みそうね！上棟が終わったら森村さんと全体の工程調整に入ってね

はい！

## 邦子さんの解説コーナー

**Q** 上棟が終わったところで軸組のチェックを行いますが，どのような点に注意したらよいのですか？

上棟後，筋かいが取り付けられるまでの4，5日の間に，この段階で土台のチェックや軸組の継手・仕口の位置を確認しなければなりません。では，どこにポイントをおいてチェックしたらよいのか解説しましょう。

### 1．土台の継手位置

次の個所に土台の継手部分がないかチェックします。
① 土台の細切れ
② 柱の取り付く位置
③ 床下換気口など基礎開口の上
④ 火打ち土台のぶつかる所

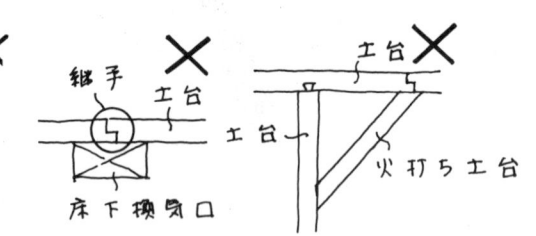

**土台の継手位置を避ける場所**

### 2．危険な横架材の継手位置（筋かいの取り付く壁部分）

下図の個所に横架材の継手がないかチェックします。横架材の継手は一般に壁の中で行いますが，筋かいの取り付く壁の場合は，筋かいにそって柱の突き上げが起こり，横架材の継手がはずれる恐れがあります。

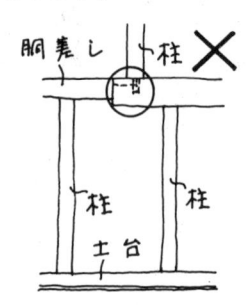

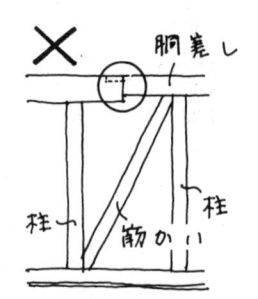

**横架材の継手位置を避ける場所**

### 3．柱の断面欠損（通し柱の四方差し）

通し柱で四方差しになっている個所は，断面欠損の大きさを確認し，必要な場合には金物で補強します。通し柱に同じ高さで2階の胴差し，床梁など四方から横架材がぶつかってくると，同一個所での柱の欠損が大きくなり，柱が弱くなってしまいます。これを避けるには胴差し，床梁では段差を付けて柱と接合するか，柱断面を通常より大きくします。

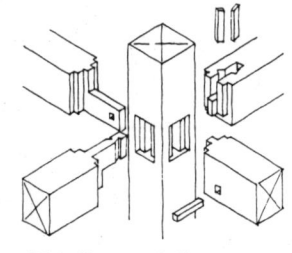

**通し柱の四方差し**
**（ていねいな仕口の場合）**

## Q 筋かいが耐力壁としての機能を果たすには，どのように取り付けたらよいのですか？

　耐力壁とは何か，については 60 頁「解説コーナー」で解説しますが，筋かいが耐力壁として機能を果たすためには，筋かいの取付け方法や接合部の取合いが重要となります。ここで耐力壁のバランスの良い配置と筋かいの基本について解説しましょう。

(1) 1 階 2 階の耐力壁線を一致させ，全体でバランス良く配置する。

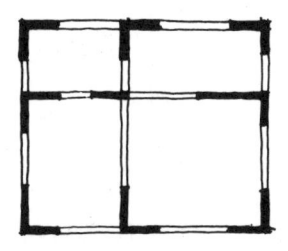

平面上のバランスをとる
(外壁はおのおのの面で
1/4 以上の耐力壁を設ける)

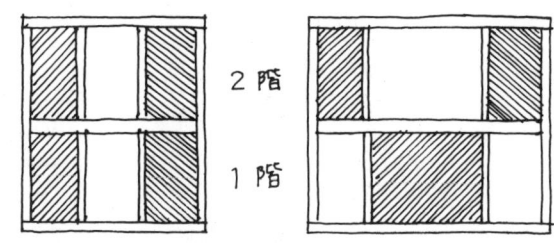

立面上のバランスをとる
(上下の耐力壁が連続するようにする)

**耐力壁の配置**

(2) 筋かいは，同一耐力壁線上で傾きが対の 1 組で機能を果たす。

**筋かいの方向**

(3) 筋かいの幅と長さの比は，1：3 以内とする。

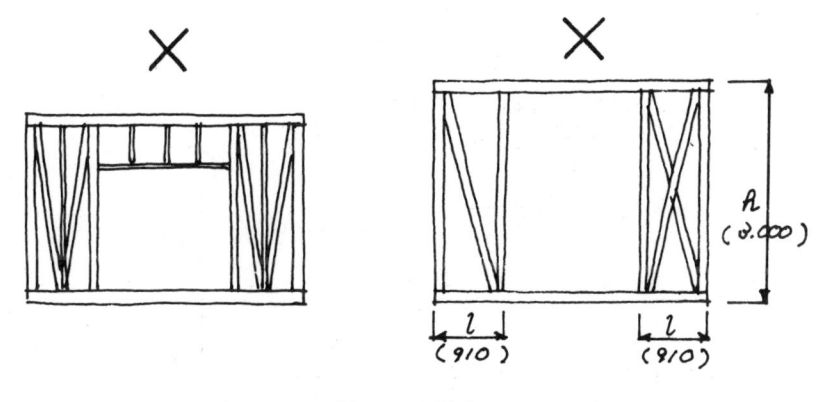

**筋かいの長さ**

(4) 筋かいの接合部は金物で緊結する。ここでは取付けの基本を示しますが，筋かいは，その強さと配置によって端部の接合方法が異なるため，必要な接合金物の規定も変わってきます(62頁「解説コーナー 必要壁量④」参照)。

①筋かいは，柱と横架材に均等に接合する。

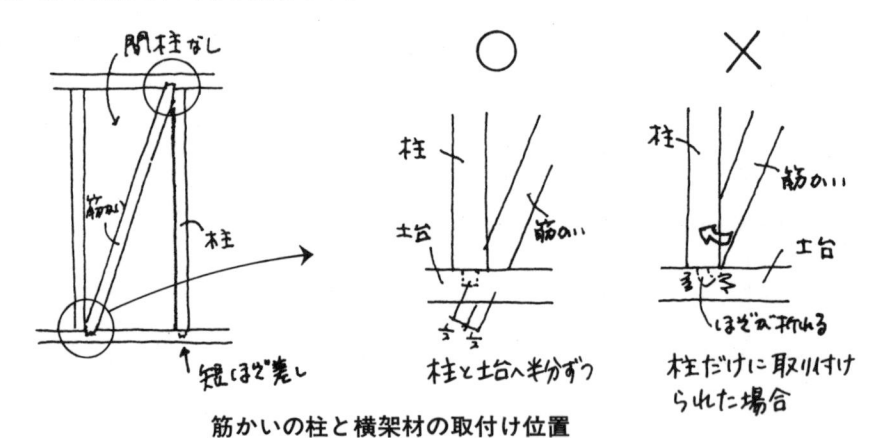

**筋かいの柱と横架材の取付け位置**

②接合部に金物補強がなく接合が不十分な場合には，筋かいが引き抜けたり，破断する恐れがあるので注意する。

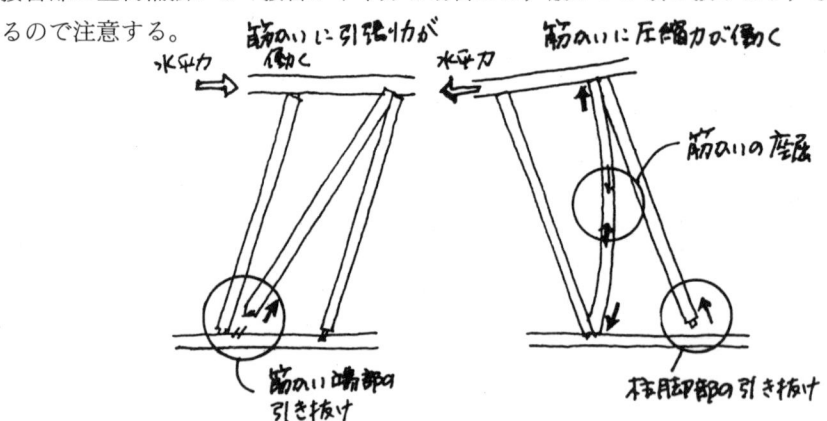

**筋かいの不十分な接合**

③接合部に金物を併用する場合は，下図のように取り付ける。

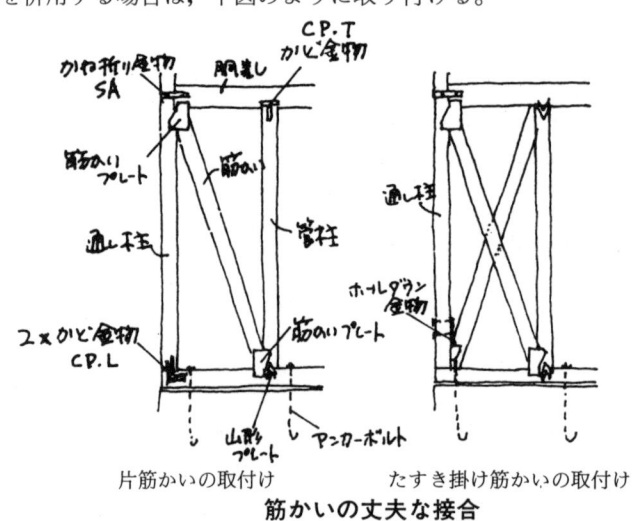

片筋かいの取付け　　たすき掛け筋かいの取付け

**筋かいの丈夫な接合**

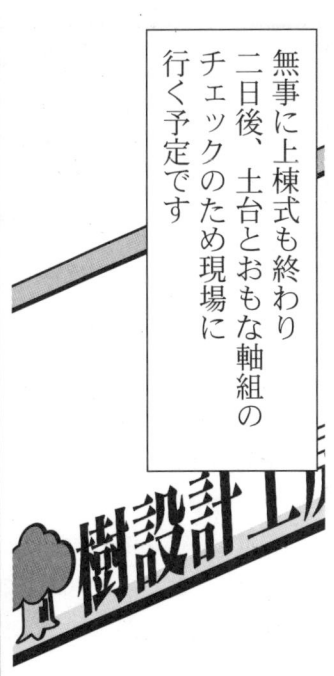

無事に上棟式も終わり二日後、土台とおもな軸組のチェックのため現場に行く予定です

事監理報告書

あっOK！見ておくわ
それより現場に行く前に耐久壁の位置と接合金物を頭に入れておいてね！

耐力壁と接合金物…？

はい

どう？

耐久壁と接合金物の関係はわかった？

うーん…

ふわあ～

わ、わかって…

強い耐久壁ほど金物も強いものが必要なのよ！

位置のバランスだけはチェックしたけどそれだけじゃないってことか…

# 邦子さんの解説コーナー

**Q** 耐力壁は建物にとってどのような役割をもっているのですか？ また必要な壁量と種類はどのように決めればよいのですか？

　ひのきが邦子から耐力壁の配置と接合金物のチェックを任されましたが，まず耐力壁とはどのようなものでしょうか？ 耐力壁の種類や役割について解説しましょう。

## ●耐力壁の意味

　**耐力壁**とは，筋かいの入った軸組や構造用合板などの面材を張った軸組などで，**外力**，特に風や地震などの**水平力**に抵抗する壁のことをいいます。**鉛直力**や水平力が作用することによって，軸組や壁組に生じる応力が無理なく地盤まで伝達されるようにします。

## ●耐力壁の役割

　地震時における水平力の伝達のしかたは，右図によります。

①屋根と2階外壁の上半分に加わる地震力は，小屋梁を通して2階耐力壁へ伝わります。

②2階床とその上下に加わる地震力は，2階床面を通して1階の耐力壁へ伝わります。

③耐力壁の**せん断力**は足下の梁または土台へ，左右の柱脚には**引抜き力**と**圧縮力**が発生します。

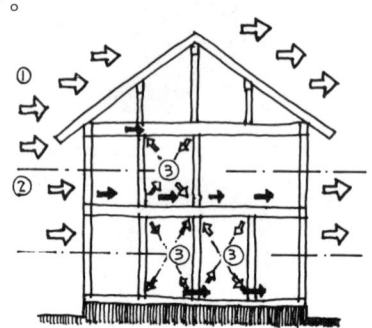

**台風・地震時の水平力の流れ**

## ●必要壁量

　建物が地震力や風圧力に対してしっかり抵抗するためには，建物の梁間方向，桁行方向のそれぞれに配置された耐力壁の合計長さが，次の①，②による必要量を満足させなければなりません。

①地震力に対する必要壁量

**必要壁量＝階の床面積×乗ずる数値**

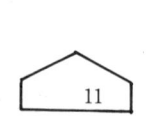

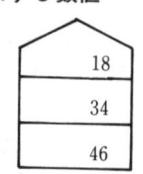

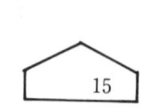

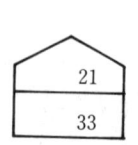

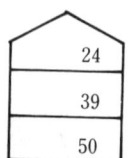

|  |  |
|---|---|
| 軽い屋根葺き材の建物（金属板・石綿スレートなど）11 / 15,29 / 18,34,46 | 重い屋根葺き材の建物（瓦など）15 / 21,33 / 24,39,50 |

**階の床面積に乗ずる数値**（建築基準法施行令第46条第4項表第2）

②風圧力に対する必要壁量

**風圧力に対する必要壁量**

| 区　域 | 見付け面積に乗ずる数値 |
|---|---|
| 特定行政庁が特に強い風が吹くとして定めた区域 | 50～75の間で特定行政庁が定めた値 |
| その他の区域 | 50 |

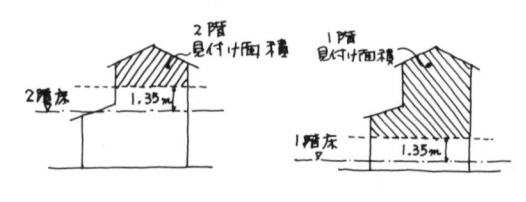

**各階の必要見付け面積**

下の表は、「①地震力に対する必要壁量」、「②風圧力に対する必要壁量」を合わせたもので、建物の必要壁量がわかります。

**必要壁量の計算表（一般地域）**

| 階数 階 | 地震力に対する必要壁量 (床面積による壁量計算) | | | 風圧力に対する必要壁量(cm) (見付け面積による壁量計算) | | | | | | 建築の必要壁量(cm) | |
|---|---|---|---|---|---|---|---|---|---|---|---|
| | X,Y(桁行,梁間)方向 | | | X(桁行)方向 | | | Y(梁間)方向 | | | X方向 | Y方向 |
| | 床面積 (m²) | 係数 | ①壁量 (cm) | 見付け面積 (m²) | 係数 | ②壁量 (cm) | 見付け面積 (m²) | 係数 | ③壁量 (cm) | ①②の大きいほうの値 | ①③の大きいほうの値 |
| 1階 | | | | | 50 | | | 50 | | | |
| 1階 | | | | | | | | | | | |
| | 床面積 (m²) | 係数 | ④壁量 (cm) | 見付け面積 (m²) | 係数 | ⑤壁量 (cm) | 見付け面積 (m²) | 係数 | ⑥壁量 (cm) | ④⑤の大きいほうの値 | ④⑥の大きいほうの値 |
| 2階 | | | | | 50 | | | 50 | | | |
| 2階 | | | | | | | | | | | |

③耐力壁の釣り合いの良い配置

　地震力に対し、プランの1/4ずつの両側端部分について、配置された壁量と必要壁量の比から釣り合いを検討します。**配置壁量を必要壁量で除して、壁量充足率を出します。**壁量充足率が1を超える場合は適合、1に満たない場合はそれぞれ少ない数値を大きいほうで除し、0.5以上であることを確認します。

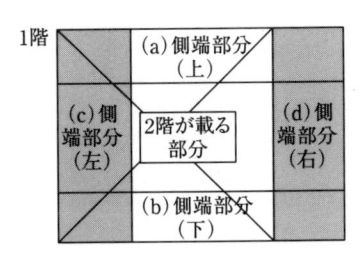

1階
- (a)側端部分(上)
- (b)側端部分(下)
- (c)側端部分(左)
- (d)側端部分(右)
- 2階が載る部分

2階
- (e)側端部分(上)
- (f)側端部分(下)
- (g)側端部分(左)
- (h)側端部分(右)

**耐力壁の釣り合いチェックの簡易表**（建設省告示第1352号）

| | Y方向 | | X方向 | |
|---|---|---|---|---|
| | 側端部分(上) | 側端部分(下) | 側端部分(右) | 側端部分(左) |
| ①存在壁量 (cm) | 1階： | 1階： | 1階： | 1階： |
| | 2階： | 2階： | 2階： | 2階： |
| 床面積 (m²) | 1階：(a) | 1階：(b) | 1階：(c) | 1階：(d) |
| | 2階：(e) | 2階：(f) | 2階：(g) | 2階：(d) |
| ②必要壁量 (cm)* | 1階：(a)×33 | 1階：(b)×33 | 1階：(c)×33 | 1階：(d)×21 |
| | 2階：(e)×21 | 2階：(f)×21 | 2階：(g)×21 | 2階：(d)×21 |
| 壁量充足率 (②/①) | 1階： | 1階： | 1階： | 1階： |
| | 2階： | 2階： | 2階： | 2階： |
| 壁率比 | 1階： | ＞ | 1階： | ＞ |
| | 2階： | ＞ | 2階： | ＞ |

*必要壁量は、60頁「解説コーナー 必要壁量①」による係数を用いる。このとき、1階であっても直上に2階が載っていない場合は、2階建の2階の係数を掛けること。

④筋かい端部の接合

　耐力壁端部の接合部および耐力壁となる軸組の柱と横架材の接合部は，次の表による金物で接合することが規定されています。また，これらとは別に $N$ 値を用いる計算があり，耐力壁の組合せにもよりますが，接合金物が下表より緩和される場合があります。

**耐力壁の種類と接合金物の例**（建設省告示第1460号）

| 耐力壁の種類 | 柱の位置 | 平屋・最上階の柱 | | その他の柱 | | |
|---|---|---|---|---|---|---|
| | | 出隅の柱 | その他の柱 | 1, 2階とも出隅柱 | 2階出隅・1階その他 | 1, 2階ともその他の柱 |
| 筋かい 45 mm×90 mm 以上 | 筋かいの下がとりつく柱 | (c) | (b) | (g) | (c) | (b) |
| | その他の柱 | (e) | | | | |
| 筋かい 45 mm×90 mm 以上 たすき掛け | | (g) | (d) | (j) | (h) | (g) |
| 建設省告示第1100号表第1，第2による構造用合板等 | | (e) | (b) | (h) | (f) | (c) |

(a)　短ほぞ差しかすがい打ち・同等以上
(b)　長ほぞ差し込み栓打ち・かど金物 5-CN 65・同等以上
(c)　かど金物 5-CN 65・山形プレート 4-CN 90・同等以上
(d)　羽子板ボルト M 12・短ざく金物 M 12・同等以上
(e)　羽子板ボルト M 12/スクリュー釘・短ざく金物 M 12/スクリュー釘・同等以上
(f)　ホールダウン金物(HD-B 10/S-HD 10)・同等以上
(g)　ホールダウン金物(HD-B 15/S-HD 15)・同等以上
(h)　ホールダウン金物(HD-B 20/S-HD 20)・同等以上
(i)　ホールダウン金物(HD-B 25/S-HD 25)・同等以上
(j)　ホールダウン金物(HD-B 15/S-HD 15)×2・同等以上

● **耐力壁の種類**

　耐力壁の形式は，大きく分けて線で抵抗するものと面で抵抗するものとに分類され，筋かい以外は面で抵抗するものになります。

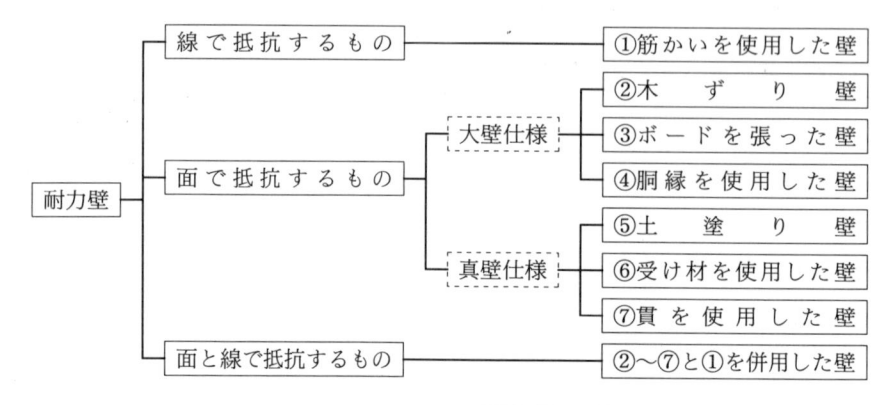

```
                                          ┌─ ①筋かいを使用した壁
         ┌─ 線で抵抗するもの ─────────────┤
         │                                
         │                    ┌─ 大壁仕様 ┬─ ②木　ず　り　壁
         │                    │           ├─ ③ボードを張った壁
耐力壁 ──┼─ 面で抵抗するもの ─┤           └─ ④胴縁を使用した壁
         │                    │           ┌─ ⑤土　塗　り　壁
         │                    └─ 真壁仕様 ┼─ ⑥受け材を使用した壁
         │                                └─ ⑦貫を使用した壁
         └─ 面と線で抵抗するもの ─────────── ②～⑦と①を併用した壁
```

**耐力壁の種類**

## ●耐力壁の強さ

耐力壁はその形式により強さが異なり，**壁倍率**として建築基準法施行令第46条において，軸組の種類によって定められています。また，建設省告示第1100号では，面材を釘打ちした壁による軸組について，それぞれ0.5〜5.0の範囲で壁倍率が定められています。

### 建築基準法施行令第46条による軸組の種類と壁倍率

| | 軸組の種類 | 壁倍率 |
|---|---|---|
| ❶ | 土塗壁又は木ずりその他これに類するものを柱及び間柱の片面に打ち付けた壁を設けた軸組 | 0.5 |
| ❷ | 木ずりその他これに類するものを柱及び間柱の両面に打ち付けた壁を設けた軸組 | 1.0 |
| | 厚さ1.5cmで幅9cmの木材又は径9mm以上の鉄筋の筋かいを入れた軸組 | |
| ❸ | 厚さ3cmで幅9cmの木材の筋かいを入れた軸組 | 1.5 |
| ❹ | 厚さ4.5cmで幅9cmの木材の筋かいを入れた軸組 | 2.0 |
| ❺ | 9cm角以上の木材の筋かいを入れた軸組 | 3.0 |
| ❻ | 2から4までに掲げる筋かいをたすき掛けに入れた軸組 | 2から4までのそれぞれの数値の2倍 |
| ⑦ | 5に掲げる筋かいをたすき掛けに入れた軸組 | 5.0 |
| ⑧ | その他1から7までに掲げる軸組と同等以上の耐力を有するものとして国土交通大臣が定めた構造方法を用いるもの又は国土交通大臣の認定を受けたもの | 0.5から5.0までの範囲内において国土交通大臣が定める数値 |
| ⑨ | 1又は2に掲げる壁と2から6までに掲げる筋かいとを併用した軸組 | 1又は2のそれぞれの数値と2から6までのそれぞれの数値との和 |

軸組の種類（❶〜❻）

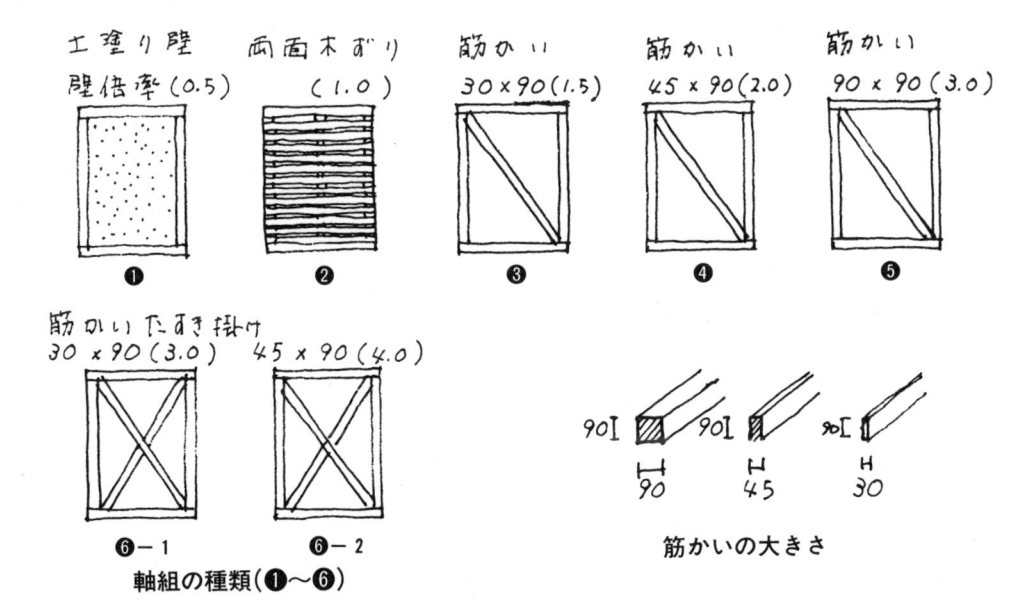

注）筋かいは圧縮と引張りを兼ね，端部は金物で接合するため，できるだけ45mm×90mm以上の材を使用するのが望ましい。

## ●面材耐力壁の種類と強さ

面材耐力壁の種類と強さ(倍率)は，告示第1100号により下表のように定められています。

### 告示第1100号による面材の種類と倍率

| 軸組の種類 | | 面材の種類 | | 最低厚さ | 釘打ちの方法 種類 間隔(cm) | | 倍　率 |
|---|---|---|---|---|---|---|---|
| 面材を釘打ちした壁を設けた壁 | 1 | JAS構造用合板 | 屋外壁などで対抗措置のないもの<br>その他の屋外壁など<br>その他 | (特類)7.5<br>(特類)5<br>5 | N50 | 15以下 | 2.5 |
| | 2 | パーティクルボード及び構造用パネル | | 12 | N50 | 15以下 | 2.5 |
| | 3 | ハードボード | | 5 | N50 | 15以下 | 2.0 |
| | 4 | 硬質木片セメント板 | | 12 | | | |
| | 5 | フレキシブル板 | | 6 | GNF40<br>または<br>GNC40 | 15以下 | 2.0 |
| | 6 | 石綿パーライト板 | | 12 | | | |
| | 7 | 石綿ケイ酸カルシウム板 | | 8 | | | |
| | 8 | 炭酸マグネシウム板 | | 12 | | | |
| | 9 | パルプセメント板 | | 8 | | | 1.5 |
| | 10 | 石こうボード(屋内壁) | | 12 | | | 1.0 |
| | 11 | シージングインシュレーションボード | | 12 | SN40 | | 1.0 |
| | 12 | ラスシート(角波亜鉛鉄板の厚さ0.4mm以上，メタルラスの厚さ0.6mm以上) | | | N38 | 15以下 | |
| | 13 | 胴縁(厚さ1.5cm以上，幅45cm以上に1～12の材料の釘打ちしたもの) | | | | 15以下 | 0.5 |
| 併用した軸組 | 14 | 1～13の内2つを併用したもの | | | | | それぞれの数値の和 |
| | 15 | 施行令第46条による軸組と併用した場合 | | | | | 同上 |

## ●面材の張り方

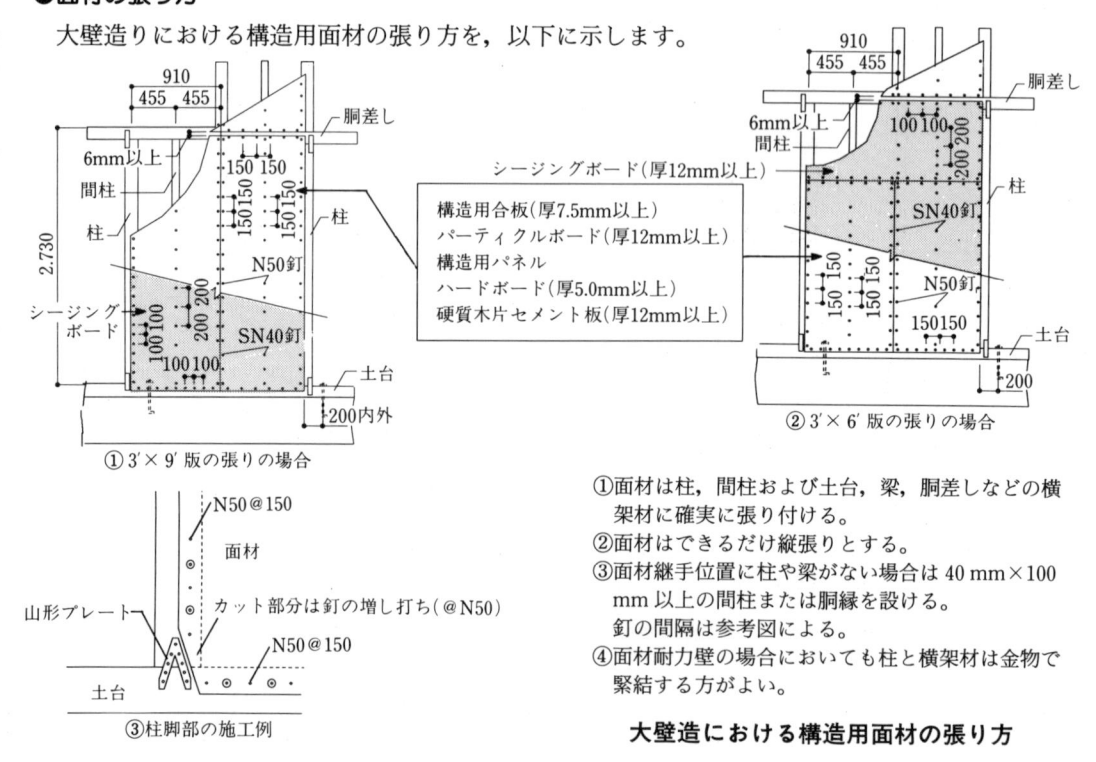

大壁造りにおける構造用面材の張り方を，以下に示します。

① 3'×9' 版の張りの場合

② 3'×6' 版の張りの場合

③ 柱脚部の施工例

① 面材は柱，間柱および土台，梁，胴差しなどの横架材に確実に張り付ける。
② 面材はできるだけ縦張りとする。
③ 面材継手位置に柱や梁がない場合は40mm×100mm以上の間柱または胴縁を設ける。
釘の間隔は参考図による。
④ 面材耐力壁の場合においても柱と横架材は金物で緊結する方がよい。

**大壁造における構造用面材の張り方**

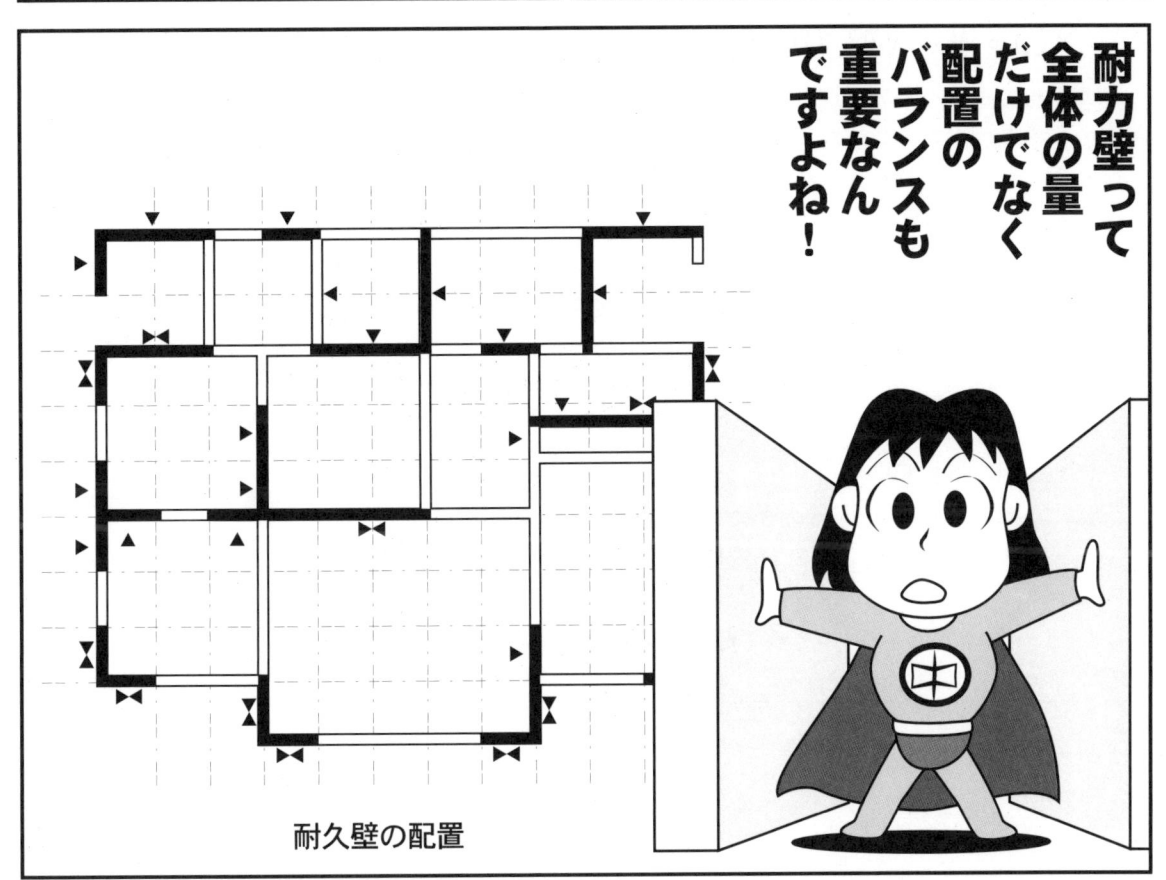

ほら前に石川さんがぼやいていたでしょ担当の建て主に壁の位置の不平を言われたって…

方位にやたらこだわっているとかいう…

はいはい

方位にこだわる人はままいるけどそれで耐力壁を取っちゃったら建物の構造が成り立たないのに…

融通が効かない設計者って思うんだろうなぁ

耐力壁って全体の量だけでなく配置のバランスも重要なんですよね！

耐久壁の配置

# ここだけの話シリーズ Ⅰ
## ●まちがいやすい「たすき掛け筋かい」の取付け●

　住宅の設計で，開口部幅を広く取ろうとするあまり壁量が少なくなり，必要壁量を確保するために筋かいを「たすき掛け」にすることがよくあります。そのとき，耐力壁の強さで示されているように「たすき掛け筋かいにしたから，耐力壁は片筋かいの2倍の強さになった」と単純に考えていませんか？　確かにこの場合，たすき掛け筋かいは有効な手段ではありますが，その取付け方を誤っては何の役にも立ちません。

　筋かいは水平力に対して圧縮材になったり，引張り材になったりしますので，筋かいが交差する部分でも欠込みは絶対に避けなければなりません。そこで，筋かいが危ないたすき掛けにならないためには，どのように取り付けたらよいのか，そのポイントを下図に示します。

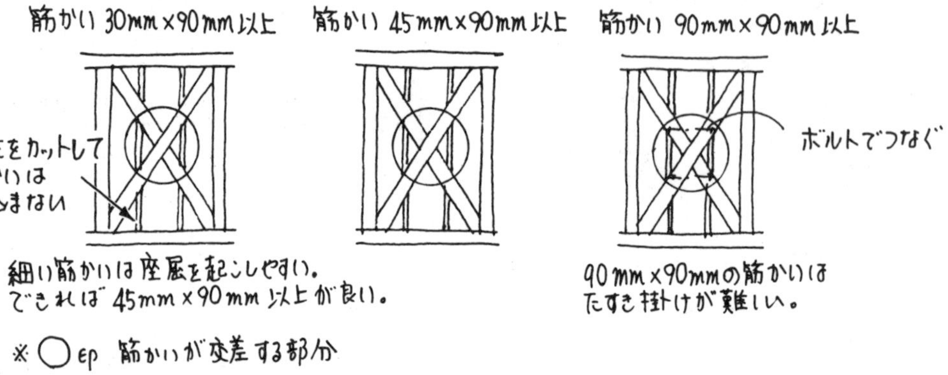

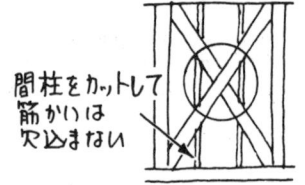

**筋かい 30mm×90mm以上**
間柱をカットして筋かいは欠込まない
細い筋かいは座屈を起こしやすい。できれば 45mm×90mm以上が良い。

**筋かい 45mm×90mm以上**

**筋かい 90mm×90mm以上**
ボルトでつなぐ
90mm×90mmの筋かいはたすき掛けが難しい。

※ ○印 筋かいが交差する部分

**筋かいたすき掛けの取付け**

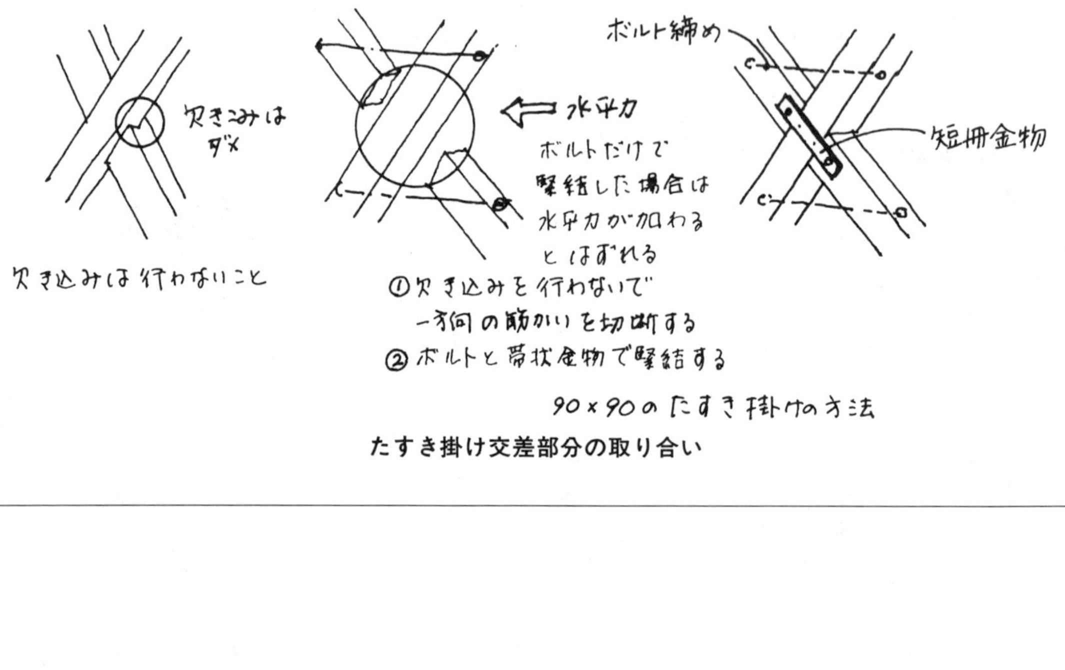

欠きこみはダメ
欠き込みは行わないこと

←水平力
ボルトだけで緊結した場合は水平力が加わるとはずれる
①欠き込みを行わないで一方向の筋かいを切断する
②ボルトと帯状金物で緊結する

ボルト締め
短冊金物

90×90のたすき掛けの方法

**たすき掛け交差部分の取り合い**

# 5章 小屋組

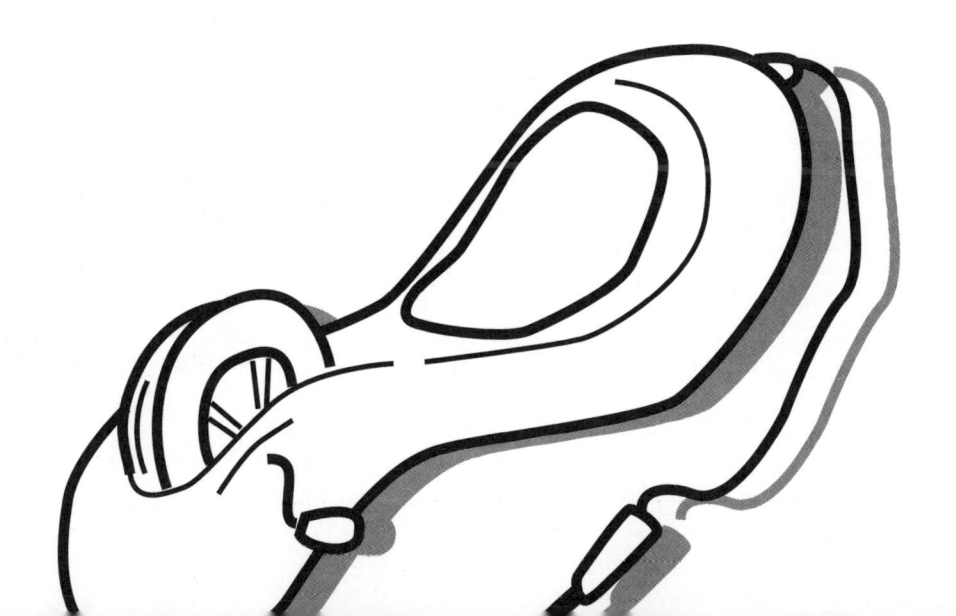

トゥルルル

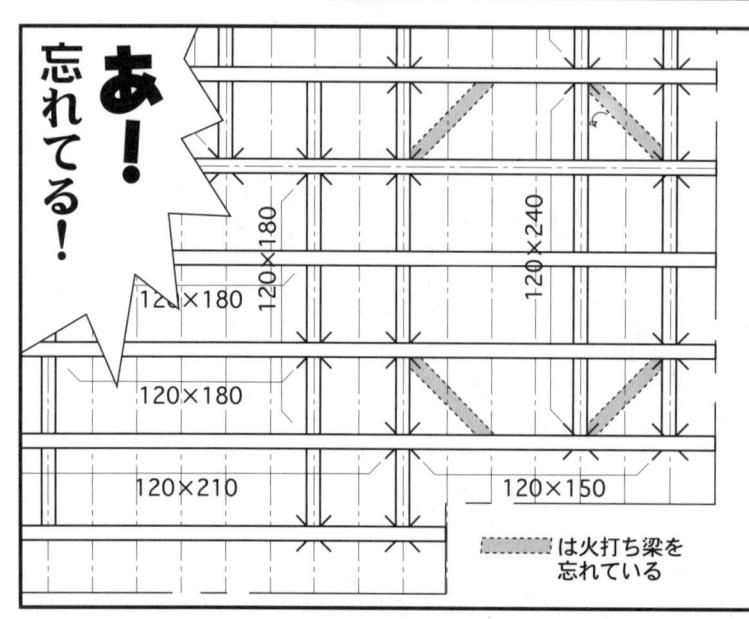

はい 樹設計工房です

森村です 今ですね 野地板を張ってまして 明日中に小屋組が終わるんですが…

そうか 前回の検査から4、5日経ちますね

……ええ ということで… では時間は… お待ちしてます

樹設計工房

おかしいなぁ 図面通りの本数は入っているはずですが…

そんなこといったって 見て下さいよ 実際に足りないんだから ほら！

何か問題でも？

いま棟梁から出隅には必ず火打ち梁がいると言われているんですけど 図面では…

えーっと 中央の主寝室は勾配天井になっているので火打ち梁は取り付けてません 他の出隅にはついているはずですが…

あ！忘れてる！

120×180
120×180
120×210
120×240
120×150

▒▒▒ は火打ち梁を忘れている

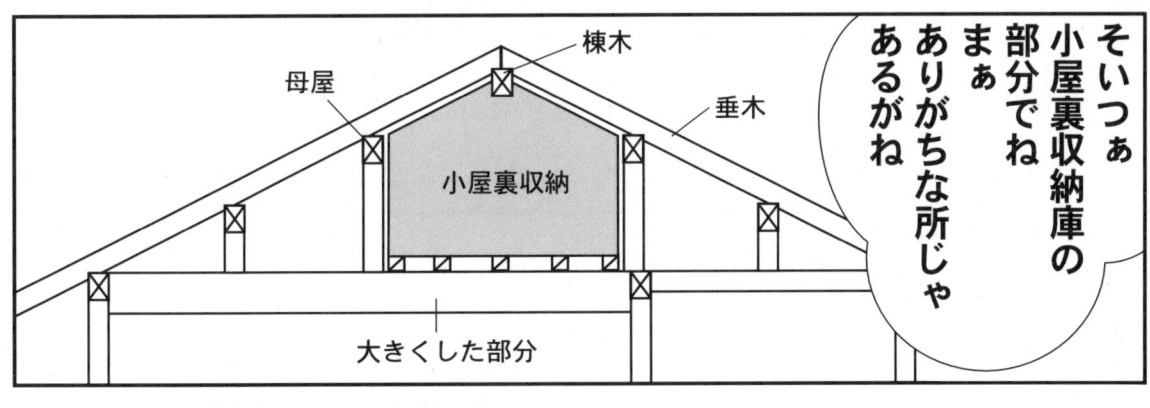

わたしのミスです…すみません…

山田先生！しっかりして下さいよ
ついでに言っておきますけど加工場でお話した梁のほかに一ケ所成が足りない小屋梁があってあたしの判断でひと回り大きいサイズにしましたよ

えー！それはどこですか？棟梁に言われた所は確認してほかも調べ直したんだけど…

そいつぁ小屋裏収納庫の部分でねまぁありがちな所じゃあるがね

棟木
母屋
垂木
小屋裏収納
大きくした部分

ひのきちゃん設計者はあなたよ図面に不備があると現場で混乱するのよ！
さいわいこうしてミスを発見できたんだからあとのフォローをしっかり検討してやらないとね

はい…

しっかりしなくちゃ…夢にまで出てきそう…

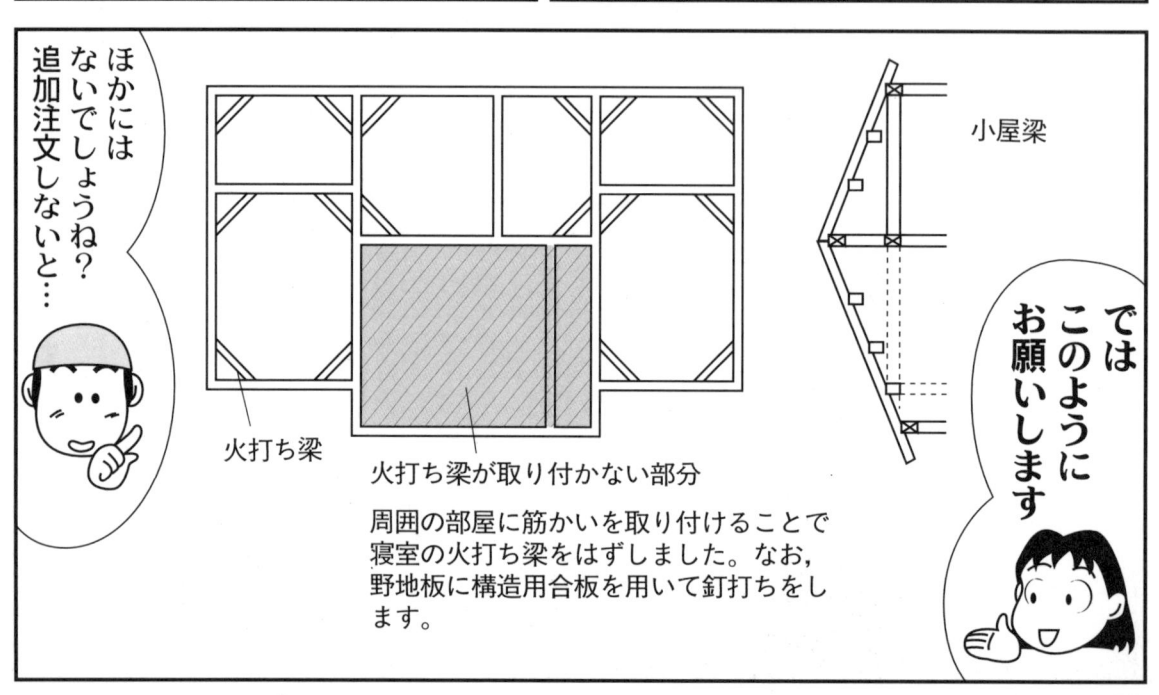

なぁに山田先生そんなにしょげかえることぁないさ

この程度で済めばたいしたもんだよ だれかさんの最初の頃ときたら… なぁ〜邦先生！

えーっとなんのことかしら？

まぁ今回は私もチェックミスだったわけだから…すみません森村さん 少し待っていただけないかしら？

わかりました

では先ほど言われた火打ち梁が必要な個所と取ってよい件ですが

ではこのようにお願いします

ほかにはないでしょうね？追加注文しないと…

小屋梁

火打ち梁

火打ち梁が取り付かない部分

周囲の部屋に筋かいを取り付けることで寝室の火打ち梁をはずしました。なお，野地板に構造用合板を用いて釘打ちをします。

あと、そこがちょっと気になっていたんですが

どこですか?

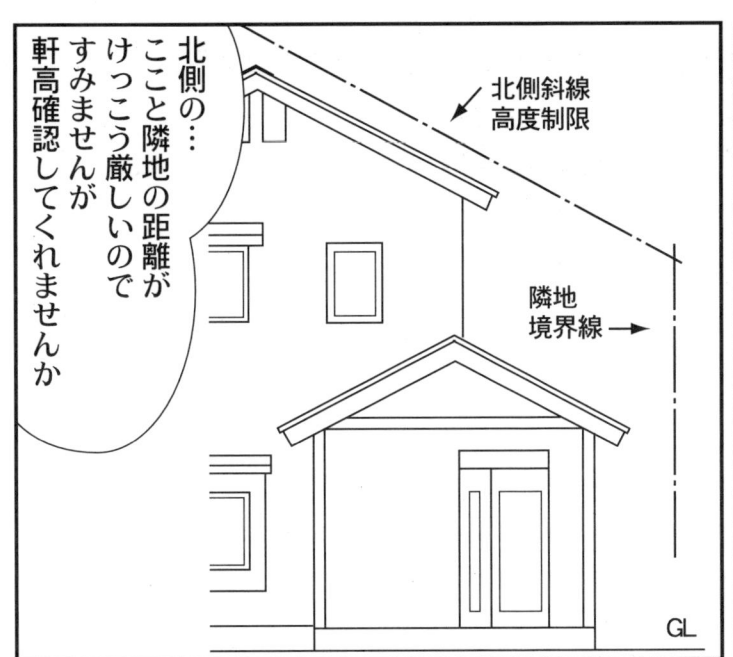

北側の…ここと隣地の距離がけっこう厳しいのですみませんが軒高確認してくれませんか

北側斜線高度制限

隣地境界線

GL

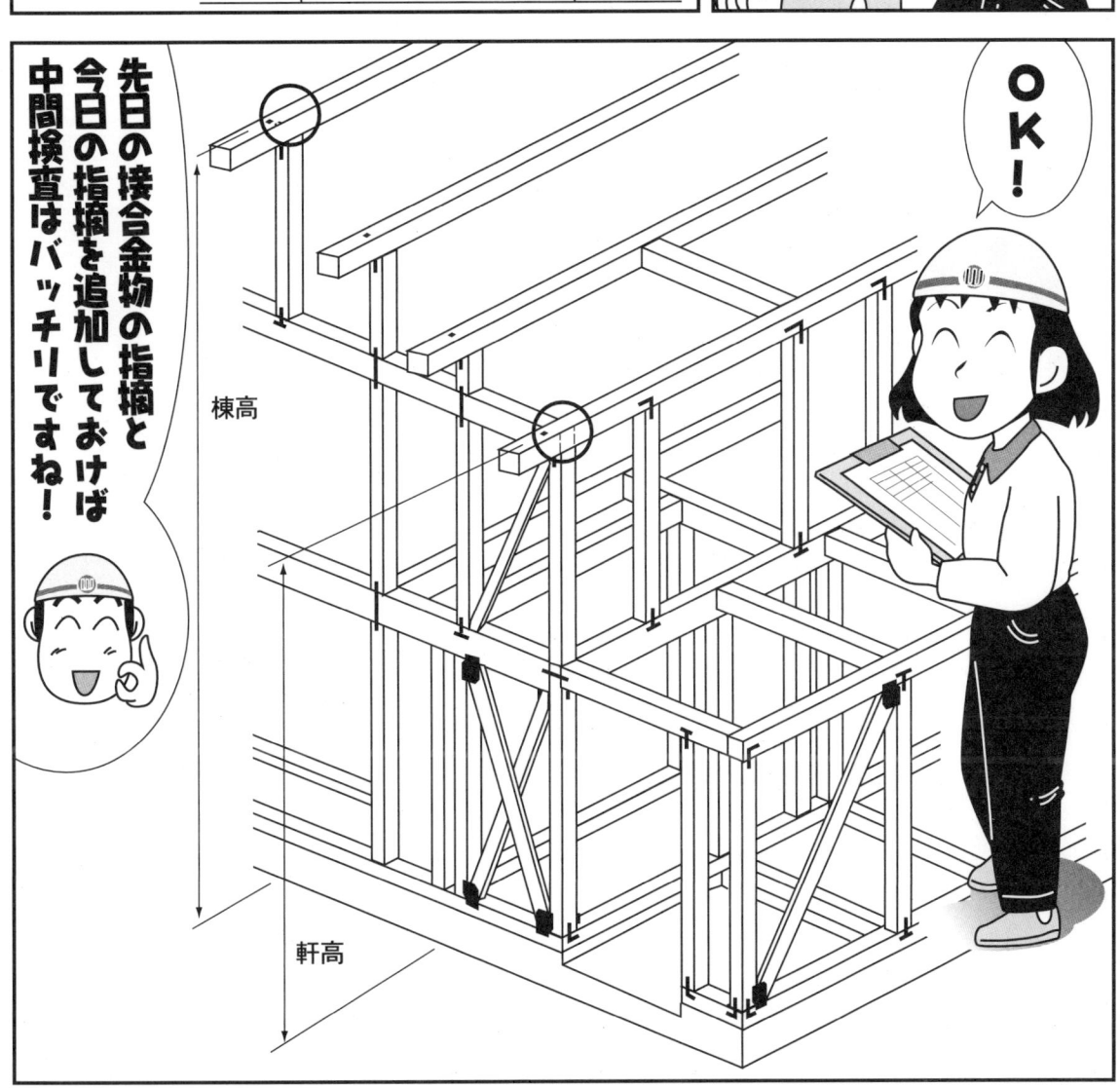

OK!

先日の接合金物の指摘と今日の指摘を追加しておけば中間検査はバッチリですね！

棟高

軒高

## 邦子さんの解説コーナー

ファイル　編集　ヘルプ

**Q** 建築確認と公庫融資住宅の中間検査とは，どのようなものですか？

　都市計画地域内に建設される住宅は，地域の建築主事に確認申請を行い，確認済み証を受けて建設されます。申請は確認申請だけの場合と，住宅金融公庫の融資を受ける場合（以下，「公庫融資住宅」），また，住宅の品質確保の促進等に関する法律（以下，「品確法」）性能表示住宅の設計評価を受ける場合によって手続きが異なります。

　建設が始まると確認の中間検査*があり，構造軸組のチェック等を受けますが，公庫融資住宅の現場審査は同時に建築主事が代行して行います。品確法性能表示住宅の評価は126，127頁「住宅性能表示制度」によるとして，以下に確認と公庫融資住宅の中間検査の項目と，設計監理者が事前にチェックしておくべき項目を示します。

◆基本チェック事項
1．地盤の確認
2．隣地境界と建物の位置の確認
3．軒高の確認

◆構造上のチェック事項
4．基礎について
(1) 種類および布立上がり高さ（240 mm 以上）と幅（120 mm 以上）
(2) アンカーボルトの確認
(3) 床下換気口の確認
5．軸組部について
(1) 土台の寸法（105 mm×105 mm 以上）
(2) 火打ち土台の取付け
(3) 筋かいの位置（筋かいの寸法，たすき掛け部の欠損の有無）
(4) 面材耐力壁の位置（面材の種類と厚さ）
(5) 接合金物の取付け（柱と土台および胴差し，隅柱と土台，筋かいと接合金物，引抜き力が多い部分の金物考慮）と適合性（図面との整合性）
(6) 火打ち梁の取付け（2階床面，小屋組面）

◆その他
　住宅金融公庫の基準金利適用住宅，各割増融資を受けている住宅は，おのおの該当している項目が対象になるので注意して下さい。
　例えば，「高規格住宅（環境配慮型）」の割増融資についていえば，次のようになります。

＊）中間検査は地域により異なる。例えば，横浜市では木造住宅2階建・50 m²以上が対象。

## 高規格住宅（環境配慮型）における中間検査のチェック事項

| 項　目 | | 内　容 |
|---|---|---|
| (1) 基礎の構造 | | ・一体の鉄筋コンクリート造<br>・立ち上がり高さは 40 cm 以上 |
| (2) 床下 | 床下換気 | 有効換気面積 300 m² を 4 m 以下 |
| | 床下防湿 | 床下地盤前面に厚さ 6 cm 以上のコンクリートを打設等 |
| | 床下地盤の防蟻措置 | べた基礎・地面を一様に打設したコンクリート・土壌処理 |
| (3) 木部の防腐・防蟻措置 | 土台 | ヒノキ，ヒバ等公庫の指定する樹種または K3 相当処理材 |
| | 土台以外の木部 | 地盤から 1 m 以下の外壁軸組と下地材が対象で，次のいずれか<br>(a)ヒノキ，ヒバ等耐久性の高い樹種，それらで構成された集成材等<br>(b)外壁を通気構造<br>(c)外壁を板張り等の通気可能な工夫<br>(d)真壁構造で軒の出が 90 cm 以上<br>(e)断面寸法が 12 cm 以上の製材または集成材等を使用<br>(f)薬剤による防腐・防蟻措置<br>　・防腐防蟻薬剤を特記<br>　・防腐防蟻処理工場製品または JIS-K-1570 におけるクレオソート規格品<br>　　または木材保存処理認定薬剤等を現場塗布 |
| | 壁下地材 | 上記(a)から(d)と(f) |
| (4) 浴室の防水措置 | | 浴室ユニット・防水性のある仕上げ材・同等以上のもの |
| (5) 土台の断面寸法 | | 10.5 cm 角以上で柱と同じ寸法以上 |
| (6) 柱の小径 | | 隅柱 12 cm 角以上・隅柱の通し柱 13.5 cm 角以上（ヒノキ等 12 cm 角以上，その他 10.5 cm 以上） |
| (7) 小屋裏換気 | | ・独立した小屋裏ごとに 2 カ所以上の換気があるか<br>・換気工法に応じた有効換気面積が確保されているか |
| (8) 設備工事 | | 設備配管が貫通部を除き構造用コンクリートに埋め込まれていないこと |

　上記の表に示した「(3)木部の防腐・防蟻措置(b)」のうち，隅柱をまとめたものが下表のチェックリストで，空欄に○印を付けて確認する。

### 2 階以上の住宅における通し柱である隅柱のチェックリスト

| 実 施 す る 仕 様 | | | 適 用 | |
|---|---|---|---|---|
| | | | 見え掛かり | 見え隠れ |
| 当該柱の小径を 13.5 cm 以上とする。 | | | | |
| 当該柱の小径を 12 cm 以上とする。 | 当該柱を耐久性の高い樹種*とする。 | | | |
| | 当該柱に防腐薬剤処理を行う。 | 工場処理 | | |
| | | 現場処理 | | |
| | 外壁を真壁とする。 | | | |
| | 軒の出を 90 cm 以上とする。 | 外壁を板張りとする構造 | | |
| | | 外壁内に通気層を設ける構造 | | |

*「耐久性の高い樹種」は，以下より選択して記入する。
　ヒノキ，ヒバ，スギ，ベイヒ，ベイスギ，ベイヒバ，ベイマツ，ダフリカカラマツ，ケヤキ，クリ，クヌギ，ミズナラ，カプール，ケンパス，セランガンバツ，アピトン，ウエスタンレッドシダー，ウエスタンラーチ，タマラッチ，パシフィックコーストイエローシダー，もしくはこれらの樹種を使用した集成材等

> 現場審査はできるだけ早くお願いして下さい

そうですね さっそく…

ところで森村さんはほかにもいくつか現場経験がおありだと思いますけどやっぱりこのあたりが多いのかしら？

うちはだいたいこの辺を基盤にしてますけどいちど担当したお客さまのセカンドハウスということで群馬の方に詰めたことがあります

群馬じゃ大変ね 大きな建物だったのかしら？

いえ…規模は小さかったので長期にわたることはなかったんですが風には往生しましたね

風？

ほら！あの有名な『かかぁ天下と空っ風』よ

煽り防止用の金物の手配をしてなくて設計が地元の事務所だったんで監理にみえたときにあきれられるわ、社長に怒られるわで散々でしたがいい勉強になりましたよ

74

## 邦子さんの解説コーナー

**Q** 小屋組で、強風や積雪に対する対策は、どのような方法がありますか？

　台風など強風時の風圧力が建物にかかるとき、**軒先**には大きな吹き上げ力が作用します。また、多雪地域では雪の重量（積雪荷重）が大きく、垂木やけらばの棟木および母屋がたわんだり、折れたりすることがあります。軒先垂木、妻側の棟木および母屋は、吹き上げや積雪に対して安全であるよう検討する必要があります。

軒先，けらばの吹上げ

軒先垂木の壊れ

(1) **軒の出は，標準 600 mm 程度とする**
　　軒の出を深くする場合は、垂木寸法を大きくしたり間隔を狭くする必要がありますが、部材の安全チェックを十分に行うことが望ましい方法です。特に多雪地域では必要です。

(2) **垂木と桁は，煽（あお）り止め金物を使用する**
　　軒先の吹き上げにより垂木などの煽りを防ぐために、垂木と桁は煽り止め金物やくら金物で緊結しましょう。

(3) **棟木（母屋）は，束柱と羽子板ボルトで緊結する**
　　妻面けらばの三角部には、風の吹き溜まりが生じます。棟木および母屋は、羽子板ボルトなどを使用して小屋組材としっかり緊結します。

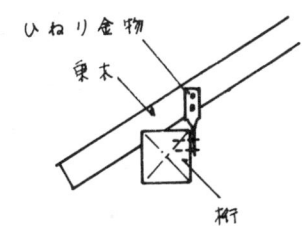

垂木と桁の接合

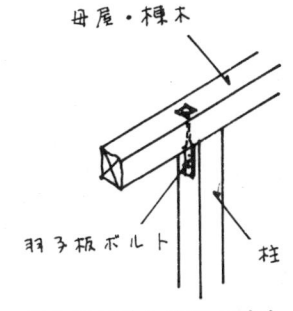

棟木（母屋）と束柱の接合

今日はすみませんでした…

私も若い頃いろいろやったわ もうやめたいって思うこともいっぱいね

でもずっとやってこれた秘訣は?

そうねぇ

森村さんと同じ 打たれ強くなって だんだん快感になってきたからかなぁ…

えぇー!それって超アブナくありませんか?

ひのきちゃん?変な想像してない?

ビンッ

# ここだけの話シリーズ Ⅱ
## ●忘れがちなくも筋かいの取付け●

　いくら1階，2階で耐力壁を十分にとっていても，小屋組の筋かいを忘れてしまうと，小屋組は弱い状態のままとなってしまいます。兵庫県南部地震では，小屋組だけが壊れる被害が多くありました。このような事態を防ぐためにも棟木，母屋の通り，主要な耐力壁の上には筋かいを取り付ける必要があります。小屋組の筋かいは，特に桁行方向に不可欠ですが，図面上では表現しにくいところです。十分な打合せが必要です。その際，取付け方のポイントは次の2点です。
　①桁行筋かい（「くも筋かい」ともいう）は，傾きが左右対称になるようにする
　②桁行筋かいは必ず振れ止めと併用し，振れ止めは小屋束下部にやり違いに取り付ける

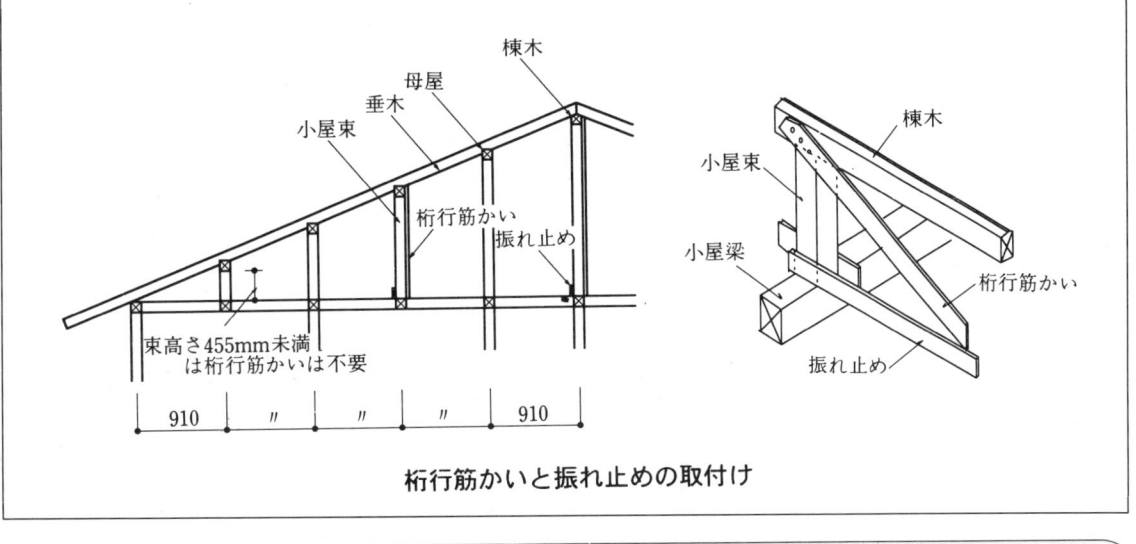

桁行筋かいと振れ止めの取付け

# 私の現場体験談　その2

### 下足入れに靴が入らない!?

　就職したての頃，ある住宅の下足入れの設計を上司に任されました。玄関が細長いスペースしかとれないこともあって，ドアの幅を引くと壁からの残り，つまり下足入れに利用できる奥行きは，約35cmです。それに，扉と裏板の厚みの寸法を引くと30cm残ります。自分がいまはいている靴の長さを計ると26cmです。安心して，それ以上何も考えずに扉のデザインに夢中になり，自分でも満足のゆくデザインとなりました。そして引っ越しの日。
　「主人の靴が横にしないと入らないんです！」建て主からの突然の電話に目の前がまっくらに…。よく考えるとご主人は背の高い方で，なぜ設計の段階で大きさを確認しておかなかったのか。後悔先に立たずとはまさにこのことです。上司と建て主のお宅に伺い平謝りしました。つくり直そうにも，もともと狭い玄関の余り寸法でつくった下足入れです。奥行きの寸法は，広くなるわけではありません。ご主人の靴は横置きで収納するしかないと，あきらめられました。どうしてらっしゃるかと今でも思い出し，じくじたる思いがします。

## 👉 豆知識

### ●建物にかかる荷重

60頁「解説コーナー」の耐力壁の説明で，建物自体や人間，家具などの重量および，地震や台風による地震力や風圧力などの外力の用語がでてきましたが，これらの重量や外力を総称して荷重といい，構造部材に対して力として作用します。荷重は作用する方向によって，水平荷重，鉛直荷重に，また作用する時間によって長期荷重，短期荷重に分類されます。建物はかかる荷重に対して，しっかり抵抗し安全でなくてはなりません。ここで荷重の基本知識をマスターしましょう。

**荷重の種類**

| | 固定荷重（長期荷重） | 積載荷重（長期荷重） | 積雪荷重（短期荷重） |
|---|---|---|---|
| 鉛直荷重 | 構造材や仕上げ材など，建物の自重 | 人や家具の重量 | 雪の重さによる荷重（多雪地域：長期荷重） |
| | 風圧力（短期荷重） | 地震力（短期荷重） | 水圧・土圧（長期荷重） |
| 水平荷重 | 強風時に建物の外周各面に作用する力 | 地震時の地盤の振動によって建物が受ける水平力 | 地下壁などに加わる土や水の圧力 |

注）これらのほかに，クレーンやエレベーターなどの機械類によって生じる振動および衝撃の荷重を考慮する場合もある。また，温度変化により発生する膨張，収縮の熱荷重や建物の不同沈下から生じる沈下荷重などがある。

# 6章
## 床組

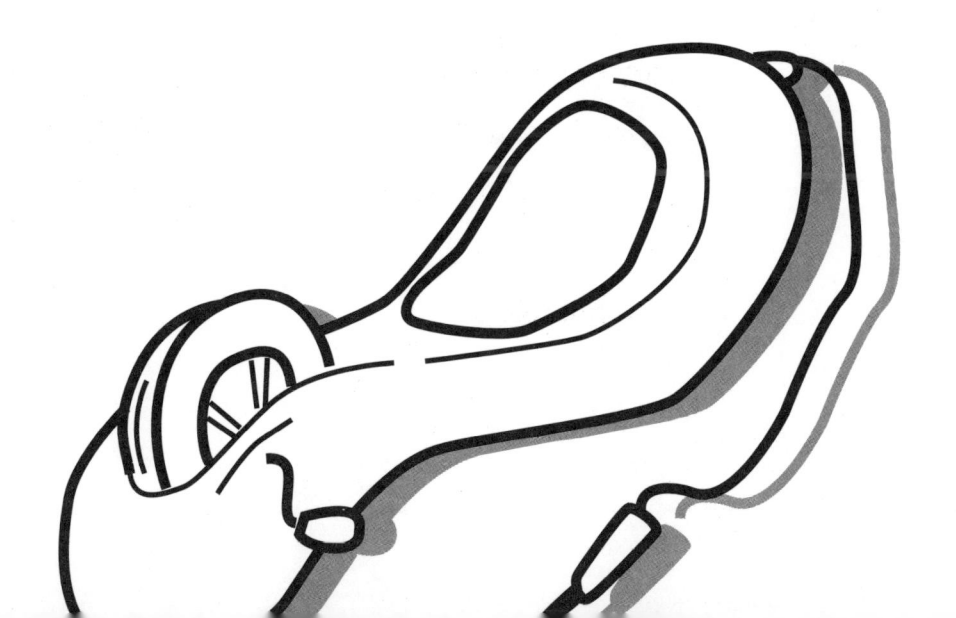

事務所ではきのう○○地方で起こった地震のニュースにみんな、釘づけでした

一番ひどい所は震度5の強だったのね

所長が担当した井上邸はこのあたりじゃないですか?

え〜○○まで監理に出かけたんですか?

もう5、6年前だけどね

…ということでこの辺の地割れはひどい所で……

まさか心配で確認に行くなんて言わないでしょうね?

まあそういう訳じゃないんだけどいろいろ世話になって電話だけはしてみたんだよ

さいわいにも食器戸棚の扉が開いてグラスとかが落ちたくらいで家の方は大丈夫だってさ

その程度でよかったですね

あー！

この家なんか壊れちゃってる！

そんなに古いって感じじゃないんだけど…

RC造とかは年代によってずいぶん違うけど木造の場合はそれ以外にプランや耐久性の度合いによってだろうね

なんで壊れ方にこんなに差があるんですか？年代による基準の違いですか？

プランって耐力壁が少ないとか？

それだけじゃなくてね…

## 邦子さんの解説コーナー

**Q** 耐震的な住宅をつくるためには，どのような点に注意したらよいのですか？

耐震的な住宅を設計するうえでのポイントをまとめてみました。

●耐震的な住宅設計7つのポイント

(1) 余裕ある壁量を確保する
　①建築基準法施行令第46条の壁量はしっかり確保する。
　②土葺き瓦屋根や土塗り壁など，重量の大きい住宅は必要壁量を割増する必要がある。
　③壁を立ち上げた2階バルコニーの場合は，バルコニー面積の1/2程度を2階床に算入して必要壁量を計算する。

(2) バランス良い壁の配置を計画する
　①建設省告示第1352号による軸組の釣り合いが良い壁にする。
　②外周壁の角は，できるだけ耐力壁を設ける。
　③外周壁は，各面とも長さの1/4以上を壁にする。
　④凹凸ある平面は，矩形状に耐力壁で区画する。

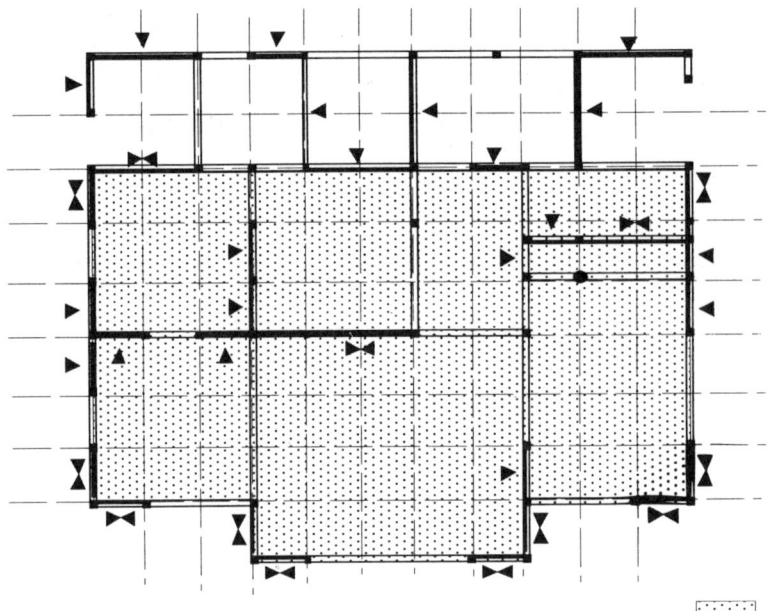

バランス良い壁の配置例

(3) 上下階の壁位置はできるだけ一致させる
　①2階隅柱はできるだけ1階の柱の直上に設ける。
　②屋根面から2階耐力壁に力が流れるよう小屋筋かい（77頁「ここだけの話シリーズ」参照）などを設ける。
　③2階外壁がセットバックするときは，2階外壁下に耐力壁線をもってくる。
　④2階外壁がオーバーハングするときは，2階床の剛性を高める。

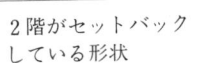

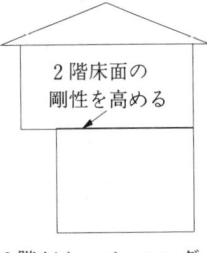

**セットバックやオーバーハングに必要な強い床・壁の位置**

(4) 建物の一体性を高める
　①耐力壁で囲まれた区画面積は，できるだけ小さくする。
　②屋根面，床面は構造用合板を使用して剛性を高める。
　③大きな吹抜けや外周3面に面する吹抜けは，吹抜け周囲を耐力壁線で囲むようにする。
　④屋根，外壁はできるだけ単純にして，細かい凹凸は避ける。

(5) 接合部の緊結はしっかり行う
　①筋かいの端部は，建設省告示第1460号に基づく金物でしっかり緊結する。
　②柱と横架材は，建設省告示第1460号に基づく金物でしっかり緊結する。
　③1階耐力壁の両端30cm以内には，アンカーボルトを設ける。

(6) 基礎を丈夫にする
　①基礎の構造は，地盤の地耐力を確認して適切な方法とし，鉄筋コンクリート造の布基礎，またはべた基礎とする。
　②地耐力の小さい地盤ほどフーチング幅を大きくする。なお，30 kN/m²の地盤ではべた基礎とする。
　③耐力壁線直下には，必ず布基礎を設ける。
　④布基礎は矩形に連続させ，島型基礎の形状はできるだけ避ける。

**引張り力の生じる隅柱**

引張り力の生じる隅柱にはホールダウン金物を用いて補強する

(7) 木造の耐久性を考える
　①床下換気を十分に行い，床下地盤面には防湿措置を行う。
　②土台は耐久性の高い樹種を選ぶか，防腐・防蟻処理材を使用する。
　③外壁入隅，開口部まわりおよびバルコニーのつけ根部分には，防水措置を十分に行う。
　④結露しやすい個所には通気，軒天や小屋裏には換気口を十分にとる。

うぅっ設計してる時はあまり気にしてなかったなぁ

ハハーン金森邸?

あれはプランがおとなしいしもちろん図面チェックで見ているわよ

あぁーよかった

でも監理がおろそかだと知らないよ

施工が変にしぶちんだったりして…

ある ある！目を光らせておかないと地震があっても所長みたいにのんびり構えてられないよ！

えーそんなぁ…毎日顔を出そうかなぁ

ちょっと心配になったので森村さんに電話して床組の状況を確認したんだけど話だけでは気になっちゃって現場にチェックに出かけることにしました

……ですのでこれからうかがいます

山田さんそんなに心配しなくても大丈夫ですよ

## 邦子さんの解説コーナー

**Q** 強い床をつくるには，どのようにしたらよいのですか？

　床面は屋根面とともに，水平構面として各階の固定荷重や積載荷重などを下階の軸組に伝達する役割と，地震力や風圧力などの水平力を耐力壁に伝達するという2つの役割をもっています。「耐震的な住宅設計7つのポイント（82頁「解説コーナー」参照）」で述べたように，水平力が耐力壁に均等に伝わるためには，屋根面や床面の剛性（変形しにくさ）が十分であることが必要です。

### 1. 床組の基本的な考え方

　水平構面の剛性を決める基本条件を，以下に示します。

(1) 耐力壁間距離が大きくなるほど床の剛性は低くなり，変形を生じやすくなります。

(2) 吹抜け等の開口部を設けると，床の面内せん断力が低下するだけでなく，床面の開口端部に応力が集中するために変形が生じます。大きな吹抜けを設けることは避けたほうがよいのはこの理由によります。また，開口部を設けた場合は周囲などを補強し，応力がスムーズに伝わるようにします。右図のように床面剛性が低い場合は，耐力壁が変形してしまいます。

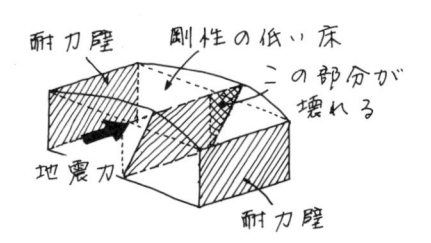

**剛性の低い床の耐力壁の変形**

### 2. 鉛直力に対する床面

(1) 床組を構成する梁，根太，床パネルおよび床下地材などは，十分な曲げ強度ならびにせん断強度を必要とします。また，歩いてたわんだり不快な振動などが生じないよう十分な剛性が要求されます。構造計算では，床面のたわみは各部材とも，たわみ $(\delta) \leq l/300$，かつ2cm以下となっていますが，2cmも床がたわむと立っていてはっきりとわかります。したがって，住宅の床で快適さを保つには，長さ $(\delta) \leq 1/600\, l$，かつ0.7cm以下にするのが理想的です。

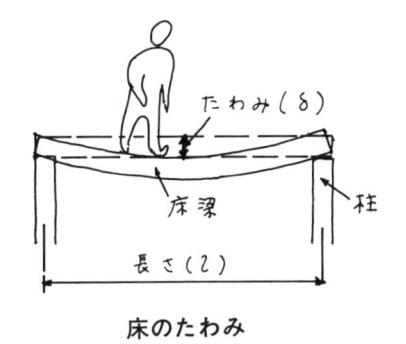

**床のたわみ**

(2) 床梁，根太の切り欠きはできるだけ避け，特に中央部下端には設けてはいけません。

(3) 床材，根太など床組端部の接合部は，床梁，胴差しなどの軸組横架材と直接接合させます。

### 3. 水平力に対する床面

(1) 水平構面として変形しないよう剛性が要求されます。

(2) 建物の上下の耐力壁線がずれる場合には，上階の水平力を床面で下階の耐力壁に伝えることになりますので，有効な横架材を設けなければいけません。

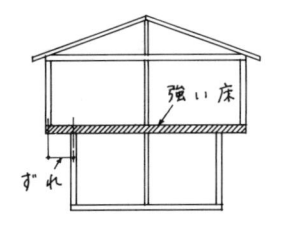

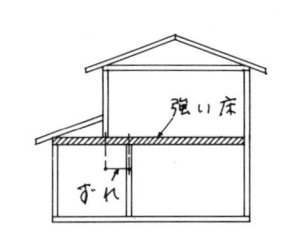

**耐力壁のずれをカバーする強い床の位置**

## 4．強い床組の構成

剛性の高い床面の構成には，次の(1)，(2)を満たしたうえで，下記①，②の方法があります。

(1) 床下地板は，構造用合板（厚12 mm以上）とし，合板の四周を床梁，胴差しの受け材に固定します。

(2) 合板受け材の床梁（105 mm角以上）を1,820 mm程度の間隔に設けます。

### 強い床にするための方法例

**①根太と床梁，胴差しの上端高さが同じ面の場合**

根太は床梁に大入れ落し込み釘斜め打ち（2-N 75）します。構造用合板（厚12 mm以上）を床梁，胴差しに釘で直打ち（N 50-@150）し，隅角部では柱があるために合板コーナーを欠いて取り付けます。

**②根太と床梁，胴差しの上端高さが異なる場合**

床梁，胴差しに直交する根太は渡りあご掛けとし，釘斜め打ち（2-N 75）します。構造用合板は床梁，胴差しのきわ，根太または受け材を設けて，釘打ち（N 50-@150）します。

## 5．火打ち梁

火打ち梁は方杖（ほうづえ）に相当するもので，火打ち材の取り付く2つの横架材間の仕口を剛な接点とすることによって，床面を一種のラーメン構造状としますが，火打ち材による床面は，剛性，強度が低いので住宅などの小規模の建物に適しています。また，火打ち材を設ける場合には，三角形部分の接点に応力が生じ，また横架材は火打ち材によって曲げモーメントを受けますので，火打ち材との仕口部に継手位置がこないよう配慮します。

床組または屋根面が上記4．の方法による場合は，火打ち梁を設ける必要はありません。ただし，屋根勾配がきつい場合には，屋根面剛性が低減するために，火打ち梁を取り付けたほうがよくなります。

### 火打ち梁の取付け方法

① 小屋面の主要な隅角部には，原則として火打ち梁を取り付けます。

② ゆるい勾配の屋根面においては，上記4．の強い床と同様の納まりとし，部材や接合金物の安全性を構造計算で確かめたうえで，火打ち梁を除くことができます。構造計算では，勾配による安全率の低減を行います。

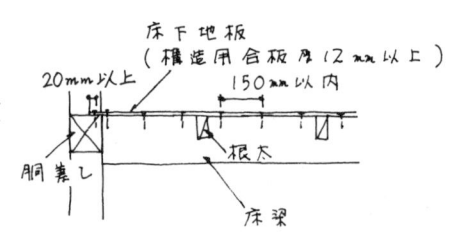

根太と床梁(胴差し)のレベルが同じ場合

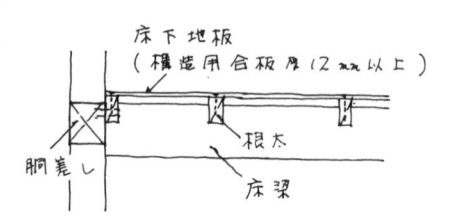

根太と床梁(胴差し)のレベルが異なる場合

**強い床にするための方法例**
（構造用合板厚12 mm）

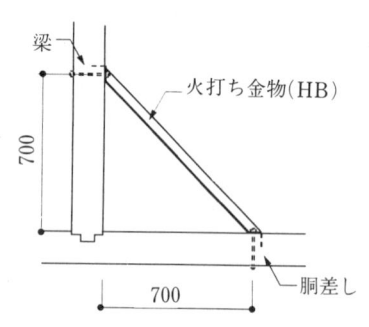

**鋼製火打ち梁の取付け**

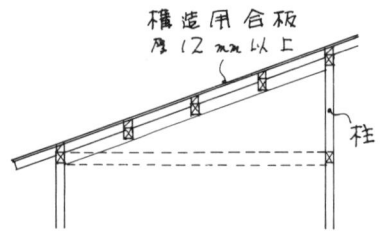

**火打ち梁を取り付けない例**
（ゆるい勾配の場合）

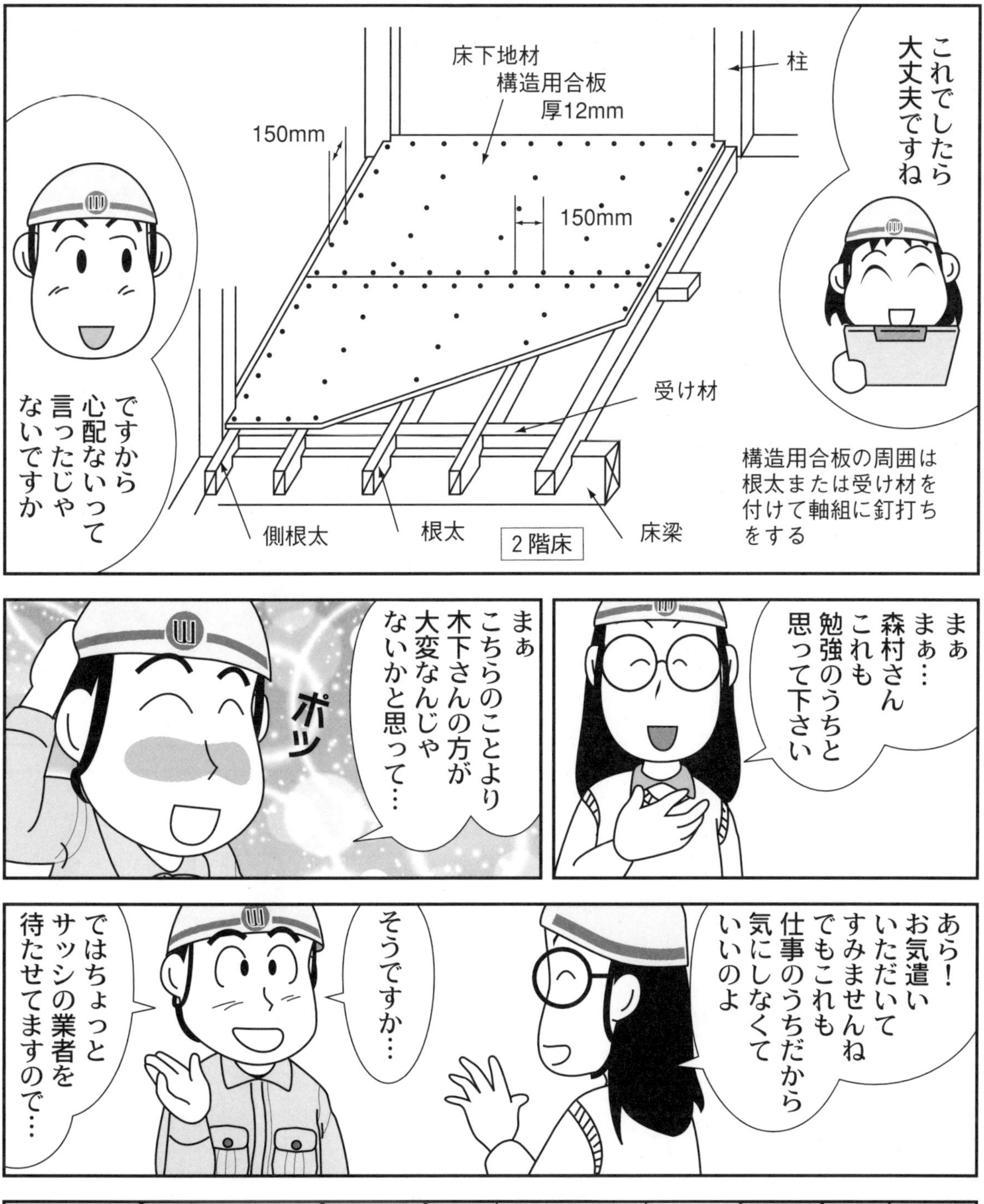
これでしたら大丈夫ですね
床下地材
構造用合板
厚12mm
柱
150mm
150mm
受け材
構造用合板の周囲は根太または受け材を付けて軸組に釘打ちをする
側根太
根太
2階床
床梁
ですから心配ないって言ったじゃないですか
まぁまぁ… 森村さん これも勉強のうちと思って下さい
まぁ こちらのことより木下さんの方が大変なんじゃないかと思って…
ポッ
あら！お気遣いいただいてすみませんね でもこれも仕事のうちだから気にしなくていいのよ
そうですか…
ではちょっとサッシの業者を待たせてますので…
邦子さんすみません…
でもさっきの復習にもなったし心配でいるよりよかったです
もう一人心配性がやって来たわ
たっ
たっ

先生もいらしてたんですか！

はぁ はぁ はぁ

ニュースを見て心配になっちゃって…やっぱりひとごとじゃないわよね！

奥様のご心配はもっともです

でも私どもの設計は厳しく確認していますし工務店の方もきちんとやっておりますのでご安心下さい！

でも神戸の知り合いがいてその方が言うには「素人にわからんようにやるのが手抜きなんや」って聞かされて…

はぁ

はぁ

奥様、ここでは落ち着きませんからお茶でもごいっしょ願えませんか

はぁ

三人で喫茶店に入りハーブティーを注文し邦子さんが地震関連で耐久性の高い住宅の話をしてくれました

やっぱり来てよかったわ

ありがとうございます！

ご期待を裏切らないよう努力しますのでご安心下さい

主人とも家を建てるんで少し勉強したんですけど地震とか構造っていうの？

素人にもわかる本ってないのよねぇ

ちょっと難しい分野ですからね

題名に「わかりやすい」とか「イラストで」とか書いてあっても結局は難しい計算や説明が入ってるんですものね

専門書ですからね

でもさすがに勉強されただけあってご理解が早いですわ

先生のお話がわかりやすかったから…

そうだ！木下さん！

いまのお話を本になさったらどうですか？私の同級生が湯島にある建築系の出版社にいるの！

はぁ？

それではよろしくお願いします

ご心配なくおまかせ下さい！

歳の功というか…さすが邦子さん！

歳の功は余計よ！実はハーブティーには気持ちを落ち着かせる作用があるのよけっこう効いたわね

やっぱり説得力の勝利ですよ！

金森さんのいうとおり本を出したらサインして下さいね！

ふ～ん…それも悪くないわね

木下邦子先生サイン会

木下邦子の住宅構造入門

井下書院

## ☞ 豆知識

● 床の補強について

(1) 積載荷重

住宅の中に収容される人間や物品・調度品の重量を積載荷重といい，鉛直方向，下向きの力になります。住宅の積載荷重は，構造計算上は次のようになります。

住宅の積載荷重＝物品荷重×集中係数＋人間重量×集中係数

$$\begin{pmatrix} 物品荷重＝300 \text{ N/m}^2 \\ 人間重量＝350 \text{ N/m}^2 \end{pmatrix}$$

床計算用：$300 \times 6 + 35 \times 0 = 1800 \text{ N/m}^2$

大梁，柱，基礎設計用：$300 \times 3 + 350 \times 1 = 1250 \text{ N/m}^2$

地震力設計用：$300 + 350 = 650 \text{ N/m}^2$

(2) 一般に使用している断面寸法（樹種例：ツガ）

① 1階床根太

スパン910 mm，ピッチ303 mm（和室の場合はピッチ455 mm）の場合

→断面寸法 45 mm×55 mm 以上

② 2階床根太

スパン1820 mm，ピッチ303 mm（和室の場合はピッチ455 mm）の場合

→断面寸法 45 mm×100 mm 以上

(3) ピアノ・書棚の補強

住宅の平均の荷重は，上記(1)の項によりますが，ピアノや書棚など荷重の重い調度品が載る部分は，集中荷重に見合う床補強を行う必要があります。

(4) 床補強の方法（構造計算によらないで行う方法）

①床部材の根太，大引き（床梁）などの断面寸法を大きくする。

②根太，大引き（床梁）などの間隔を狭めて，負担荷重を少なくする。

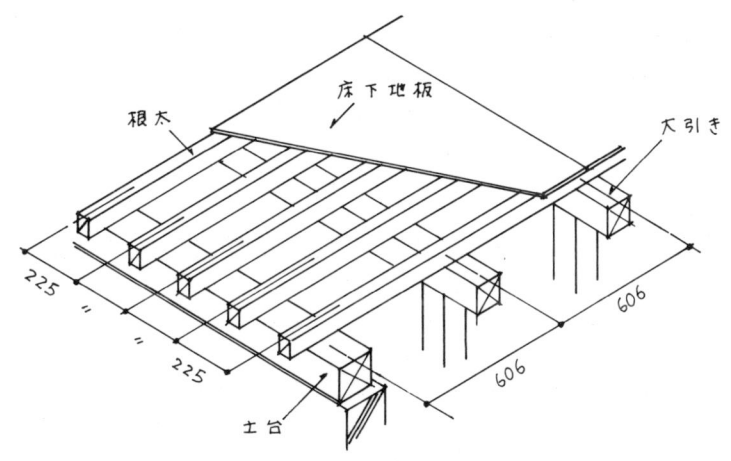

根太と大引きの間隔を狭くした補強の方法

　　　　いっぷくたいむ

◎長持ちする木造の家

　2章〜6章で触れてきました木造住宅の耐久性について，ここでまとめてみましょう。

　シロアリの分布地域や腐朽菌の生育しやすい環境では，建物の劣化要因がそろっており，床下や水まわり，軒樋，バルコニーが取り付く場所など，建物内・外部で劣化が始まります。耐力壁を余分にとっていても，壁や柱の中がシロアリや腐朽菌に侵されてしまっては，建物は芯からもろくなってしまいます。住宅ローンを組む時の木造住宅の耐用年数は25年とされていますが，しっかり造られた木造住宅は50年，100年ともつものです。そのためには耐久性についての知識をもち，劣化を防ぐよう十分に配慮する必要があります。

(1) 上屋を長持ちさせる基礎をつくる
　①布基礎の立上がり高さを高くする（立上がり高さは400mmが望ましい）。
　②床下換気を十分に行う。
　③床下防湿を考え，べた基礎か防湿コンクリートを打つ。

(2) 材料部材の耐久性を高める
　①土台および通し柱，隅柱には耐久性の高い材種を用いる。スギ辺材→スギ心材→ヒノキ辺材→ヒノキ心材→ヒバの順に耐久性の高い木材となる。
　②断面寸法を割増させる。通し柱，隅柱の断面寸法を大きくする。
　③保存薬剤処理の必要な個所に，クレオソート塗りや加圧注入処理を行う。

(3) 構造，構法により耐久性能を高める
　①屋根葺き材の種類に合った小屋組の勾配を適切にとることが重要。耐久性の面からは軒の出を深くし（出幅は900mm以上），軒の出がない場合は特別な工夫を施す。
　②構造材を乾燥させる工夫をする。外壁（通気工法，外壁仕上げ材），内壁，床組（床下防湿・換気），小屋組（小屋裏換気）。
　③防水工事をしっかり行う。屋根や外壁下地の防水材の重なりを十分にとる。

(4) 施工上の注意
　①加圧注入後の土台で，仕口などでカットされる部分には薬剤塗布をする。
　②施工時には，床下に木くずやゴミを放置するとシロアリを呼ぶ原因となるので，清掃は十分に行う。

(5) 維持保全を行う
　①モルタル塗りの外壁に亀裂が入った場合には，早めに修理する。
　②外部の木部や鉄部の塗装は，早めに塗り替える。
　③雨漏りが起きたらすぐ原因を調べ，根本的な手当てを行う。
　④台所や洗面所などの水まわりの室には，床下点検口などを設け，給排水管やガス管の点検や修理がしやすいようにする。

注）建物や材料が本来もつ力が失われる状態を，劣化（老朽化）といいます。

# 7章
## 屋根仕上げ工事、断熱材の取付け

今日はあいにくの雨模様となってしまいました
事務所では屋根の監理について邦子さんと再確認しました

サー
サー
サー
サー

邦子さぁん…私の家って雨漏りがすごかったんですけどそれって古いせいですかねぇ？

そりゃー防水が切れていたり瓦なりスレートが割れていたりいろいろ原因は考えられるけど…

新築で雨漏りじゃ話にならないからキチンと見るんだけど…

そっかぁ今度帰ったら屋根の点検をしてみようかなぁ〜

大丈夫？高い所ダメなんでしょ？

うぅっ……

## 邦子さんの解説コーナー

**Q** 屋根の防水工事で，特に気をつけなければならないことは何ですか？

　屋根の果たす大きな役割は，いうまでもなく雨水の浸入を防ぐことです。雨漏りは，快適な暮らしを妨げるばかりでなく，住宅の寿命そのものを縮める原因となりますから，屋根の防水工事は，監理上においても重要です。

　また，屋根の形は住宅全体の印象を決めてしまいます。そのデザイン形状によって選択する建材や屋根勾配，施工方法などが異なってきます。特に，ここでのポイントは，同じ建材どうしあるいは他の建材との取合い部分です。さらに，寒冷地では屋根の雪処理のための考慮が必要となります。

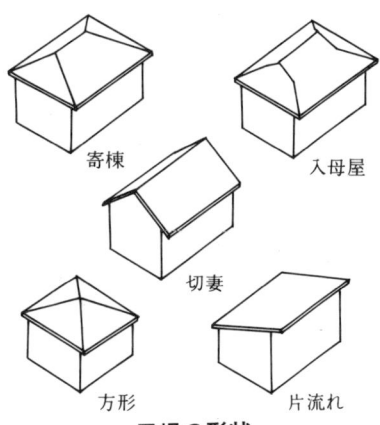

**屋根の形状**（寄棟，入母屋，切妻，方形，片流れ）

### 1．屋根勾配

　屋根の勾配は，雨水を流すために必要なものです。そのうえ，上述のように住宅全体の印象を大きく左右する要素ともなります。勾配の大小は，使用される建材や工法，あるいは計画地の気候条件によって決定されます。各種屋根葺き材料の最小屋根勾配は，下図の通りです。

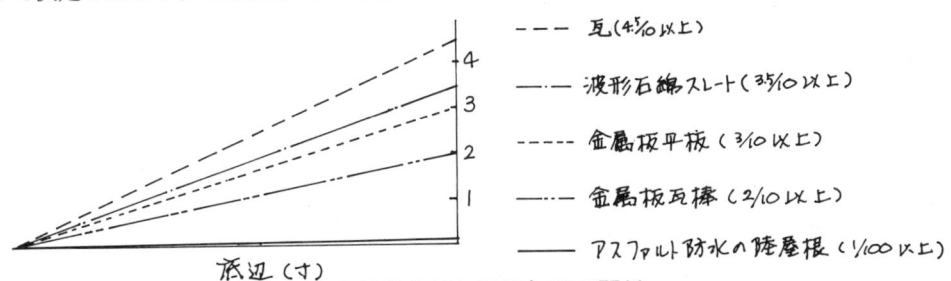

**屋根葺き材と屋根勾配の関係**
- 瓦（4.5/10以上）
- 波形石綿スレート（3.5/10以上）
- 金属板平板（3/10以上）
- 金属板瓦棒（2/10以上）
- アスファルト防水の陸屋根（1/100以上）

### 2．下葺き

(1) 材料

　勾配屋根の下葺き材には，①アスファルトルーフィング，②アスファルトフェルト，③合成高分子系シート，④その他があり，代表的なものは，アスファルトルーフィングです。これは，有機質繊維を原料とし，フェルト状にすいて乾燥させ原紙をつくり，これに加熱溶融した浸透用アスファルトを含浸させます。その後，その表裏に塗膜用アスファルトを塗覆し，さらに鉱物質粉末を散布して，冷却後，規定の長さに切断してロール状に巻き取ったものです。

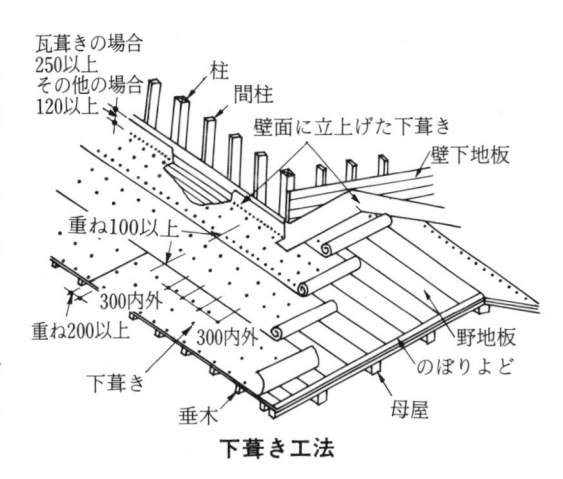

**下葺き工法**
瓦葺きの場合 250以上
その他の場合 120以上
柱／間柱／壁面に立上げた下葺き／壁下地板／重ね100以上／300内外／重ね200以上／300内外／下葺き／垂木／野地板／のぼりよど／母屋

(2) 工法

　野地板面上に敷き込むのですが，重ねしろは上下100 mm以上，左右200 mm以上，留め付けは重ね合わせ部分で間隔300 mm程度に，その他は要所をタッカー針などで締め付けます。防水のかなめは，端部と立上がりです。その壁面の立上がりは，瓦葺きの場合は250 mm以上，その他の場合は120 mm以上必要となります。

## 3．水切り，雨押え

　防水のための端部の納まりで，0.4 mm以上の金属板を開口部の上下枠や外壁最下部に，図のように取り付けます。この場合，壁の立上がりは下地材裏に120 mm以上必要です。

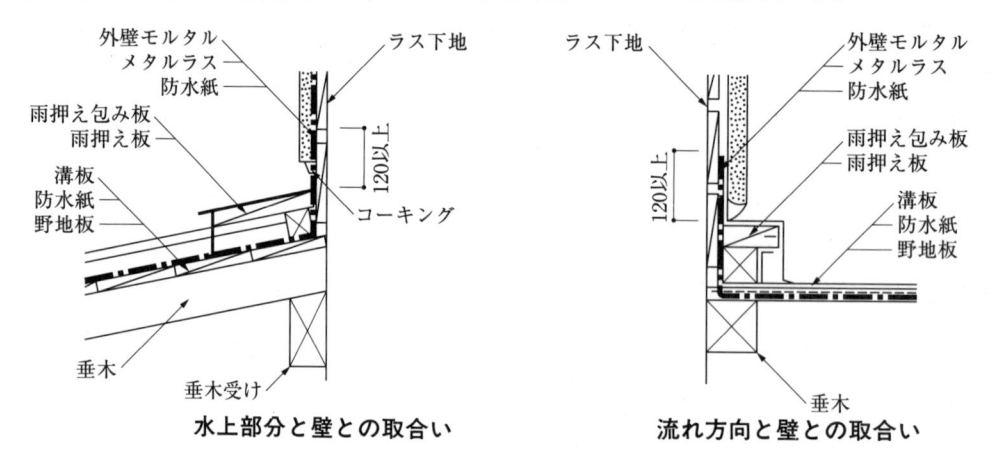

**水上部分と壁との取合い**　　　**流れ方向と壁との取合い**

## 4．軒樋

　軒樋(のきどい)は，屋根面を流れ落ちる雨水を受けるのと同時に，壁面を濡らす水を減らす役割があります。一見付属物に扱われがちですが，実際の見え掛かりは，軒先の一部として見えます。建築物がすっきり見えるかどうかに関わるので，おろそかにするわけにはいきません。住宅の軒樋には，金属製や硬質塩化ビニール性の製品があり，現在では後者が一般的になっています。

　**硬質塩化ビニール性**の製品は，低湿による強度低下などの欠点があり，寒冷地での使用には注意が必要ですが，錆びない，酸・アルカリに侵されない，電気絶縁性がある，難燃軽量，施工が容易，剛性が低いなどの利点があります。

　この製品の場合，受け金物は約700 mmピッチで，**鼻隠し**か垂木に取り付けます。勾配は1/200以上とし，軒樋どうしの接合は，専用継手と接着剤との併用で行います。ただし10 m以上になる場合は，夏と冬の伸縮の差（42 mm）を考慮して有効な伸縮継手を設けます。その方法として，じょうごの中で軒樋を切断する方法と，軒樋の両端で伸縮させる方法とがあります。

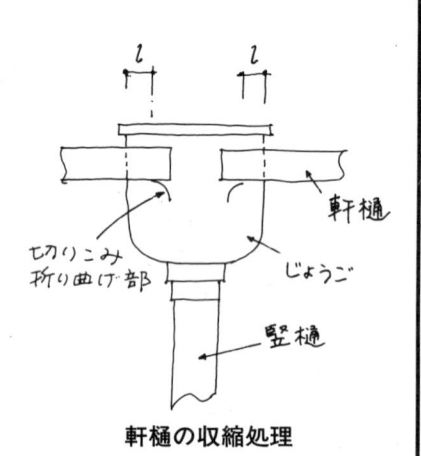

**軒樋の収縮処理**

## 5．竪樋

　竪樋(たてどい)は，専用の継手を用い，接着剤を併用して接合します。受け金物は，間隔1000 mm以下で外壁に取り付けます。

そろそろ観念したら？建設現場には高い所はつきものなんだから

……

平屋だって屋根は地面から3m〜4mくらいあるのよ

……

でも大丈夫よ！建築士の試験でもあったでしょ

足場だってきちんと組んであれば安全だって確保されてるわよ

ちょっと…高い所がキライなのよね

……

ご苦労さまです順調のようですね

どうもご苦労さまですさっそくお願いします
……なんか山田さん元気ないですね？

あぁ〜それですか！大丈夫ですよ！足場もしっかり組まれていますし安全帯も装着してもらいますから

……はい

そんなに心配でしたら無理しなくてもいいですよ

それじゃ間違いなく施工されていますか？

そ…それはまぁ注意して管理していますし私の方でも一通りみていますから……

うっ！

やっぱり見ておきます！

ううう〜やっぱり恐いよ〜

墜落事故って多いから気をつけてくださ〜い

屋根も無事できあがり軸組の工事も進みました外壁部の防湿紙も張られ今日はいよいよ断熱材の工事にかかります

どうもー

こんにちは

ご苦労さまです今日は後で社長が来ますので

何かご用でしょうか？特別な用であれば事務所で…

いや現場で何か気になる所でもあるんでしょう

そうですかではチェックを始めていましょう

断熱材を張ると雰囲気が変わってきますね

あれ?

あぁ〜あれは私がちょっと工夫してみた所なんです

どうです！屋根面の方にもしておけば家全体の断熱効果も完璧でしょう！

ちょっと待ってよ森村さん…

解ってますよ天井面より少し増え勝手になりますが…

そうじゃなくて断熱材はこの場合天井の直上に敷いて小屋裏換気をする方式になっているのよ！それに…

あれ？逆に張ってるのがあるぞ！それに張り方がおかしい！断熱材は押し込めてはいけない！

あ！

すみません表と裏逆にしちゃった

おい森村！どんな調子だ？

ドタ・ドタ・ドタ

あっ！これは樹設計の先生…ご苦労さまです

森村！断熱材の隙間ができてないか気になったんだが…

今始めたところですがちょっと不手際があって是正を指示していたんです

そうか隙間も気をつけないとな

……不手際ってのはあの屋根面のだな？

## 邦子さんの解説コーナー

**Q** 断熱材の施工にあたっては，どのような点に注意しなければいけませんか？

断熱材の施工にあたっては，和田社長が言うように，断熱材を隙間なく入れることが重要なポイントです。ここで断熱材の役割や種類，施工部位，施工方法などについて整理してみましょう。

### 1．役割

住宅の熱の流れは，伝導，対流，放射の3通りの方法で行われます。建物外周において構造体を通って出入りする伝導熱は，室内気温と外気温との温度差に比例して増加します。そのため断熱材は，その熱を押え込み暖房や冷房に使用するエネルギーを減らす役割があります。

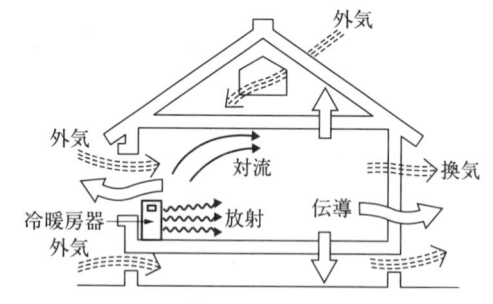

**住宅における熱の流れ**

### 2．種類

(1) 無機質系断熱材

ガラス原料や鉱石を溶かして繊維状にしたもので，不燃性が高く透湿性があるので，防湿層付きの製品を使用するか，あるいは防湿材を別に設ける必要があります。グラスウール，ロックウールに代表されます。

(2) 発泡プラスチック系断熱材

プラスチックを発泡させたもので，板状製品と現場施工で用いるものの2種類があります。吸水性が少なく，断熱性には優れていますが，燃焼性にやや難があるので，内装下地材に石膏ボードなどの不燃材を併せて利用するのがよいでしょう。押出し発泡ポリスチレンフォームや硬質ウレタンフォームに代表されます。

(3) 木質繊維系断熱材

インシュレーションボードまたは軟質繊維板と呼ばれ，木質繊維を用いた繊維板のうち，軽量のものを称します。ほかの断熱材と併用で利用されることが多く，内装下地材として用いられます。

## 3．施工部位

断熱材の施工の基本は，右図のように住宅をすっぽり包みこんでしまうことです。

① 屋根，天井：小屋裏換気孔を設ける場合は天井を，そうでない場合は屋根を断熱構造とする。

② 壁：外気に接する壁。壁における断熱材は，壁体の中または壁体の外に施工しますが，壁体の中に納まりきらない場合は，その相当分を壁体に付加して施工します。

③ 床：外気に接する床および床下換気孔により外気と通じている床。土間床までの外周部分および玄関土間については，下図のように施工することができます。

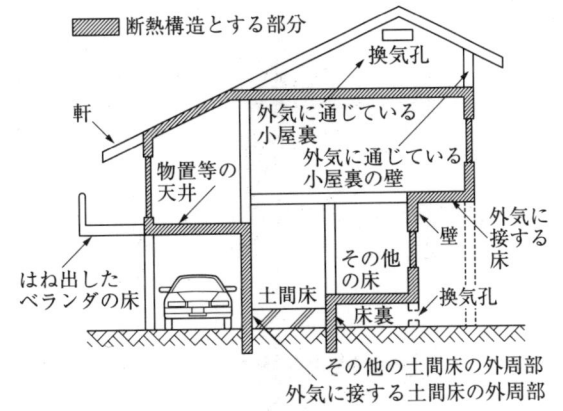

**断熱材施工の基本**

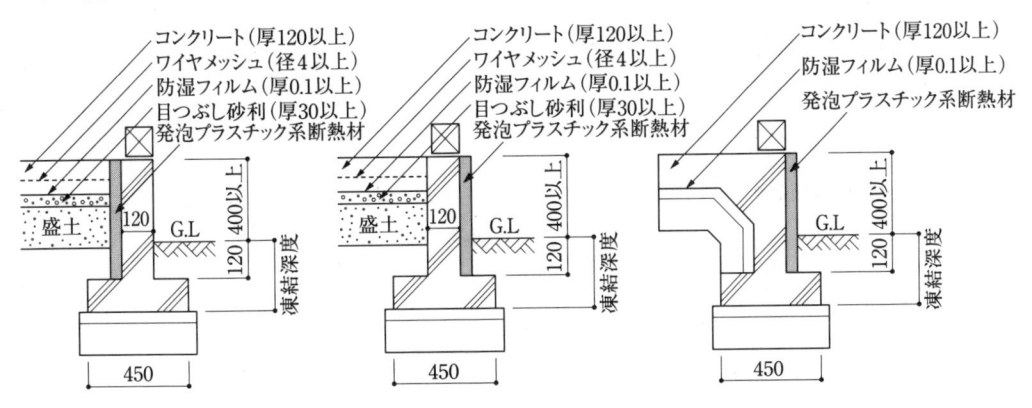

**土間床等の外周部分**

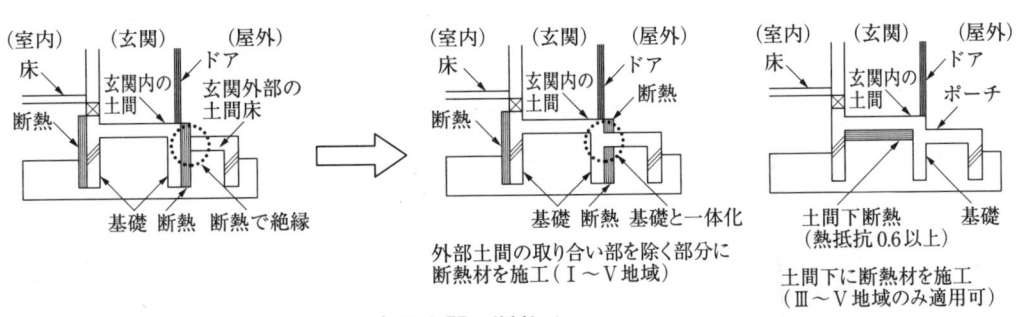

**玄関土間の断熱イメージ**

## 4．断熱材の地域区分

断熱材の地域区分は次頁のように都道府県を5つに分けており，施工部位，断熱材の厚さ，気密工事の対象区域，開口部断熱構造工事の対象区域など，主要な規定工事がこの地域区分ごとに定められています。地域区分は次頁の表に示すとおりですが，同じ県でも気温差が著しい場合があるため，町村ごとに補正され，地域区分が異なる場合がありますので注意が必要です。

## 5．断熱材の厚さ

断熱材の厚さは，地域区分，施工部位，断熱材の種類に応じて決められています（次頁参照）。

**断熱材の隙間が生じやすい個所**

図中ラベル：小屋裏結露／間仕切り壁内部の熱流上昇／表面結露カビの発生／外壁内部結露材木腐朽／小屋裏結露／温度差の大きい住居空間／温度差の大きい住居空間／暖かい空気および熱流／冷たい空気／床下結露の発生／カビ，ワタグサレタケ，ナミダタケの発生

### 断熱性能の地域区分

| 地域区分 | 都道府県名 |
|---|---|
| Ⅰ | 北海道 |
| Ⅱ | 青森県，岩手県，秋田県 |
| Ⅲ | 宮城県，山形県，福島県，栃木県，新潟県，長野県 |
| Ⅳ | 茨城県，群馬県，埼玉県，千葉県，東京都，神奈川県，富山県，石川県，福井県，山梨県，岐阜県，静岡県，愛知県，三重県，滋賀県，京都府，大阪府，兵庫県，奈良県，和歌山県，鳥取県，島根県，岡山県，広島県，山口県，徳島県，香川県，愛媛県，高知県，福岡県，佐賀県，長崎県，熊本県，大分県 |
| Ⅴ | 宮崎県，鹿児島県 |

注）町村によっては上記の地域区分とは別になっているので注意すること。

### 断熱材の厚さ （例：地域区分Ⅳにおいて気密住宅以外とする場合）

| 部　位 | | 必要な熱抵抗値* | 断熱材の種類と厚さ（単位：mm） | | | | | |
|---|---|---|---|---|---|---|---|---|
| | | | A-1 | A-2 | B | C | D | E |
| 屋根または天井 | | 1.8 | 95 | 90 | 85 | 75 | 65 | 55 |
| 壁 | | 1.2 | 65 | 60 | 55 | 50 | 45 | 35 |
| 床 | 外気に接する部分 | 1.6 | 85 | 80 | 75 | 65 | 55 | 45 |
| | その他の部分 | 0.9 | 50 | 45 | 45 | 40 | 35 | 30 |
| 土間床等の外周部 | 外気に接する部分 | — | — | — | — | — | — | — |
| | その他の部分 | — | — | — | — | — | — | — |

*）単位：m²・K／W

（平成4年 省エネルギー基準レベル）

### 記号別の断熱材の種類
λ：熱伝導率 W／(m・k)，[ ］内は kcal／(m・h・℃) に換算したもの

| A-1, B-2 | B | C | D |
|---|---|---|---|
| λ＝0.052〜0.046 [0.045〜0.040] | λ＝0.045〜0.04 [0.039〜0.035] | λ＝0.040〜0.035 [0.034〜0.030] | λ＝0.034〜0.029 [0.029〜0.025] |
| A-1<br>λ＝0.052〜0.051 [0.045〜0.044]<br>吸込み用グラスウール GW-1，GW-2<br>吹込み用ロックウール 35 K<br>シージングボード<br><br>A-2<br>λ＝0.050〜0.046 [0.043〜0.040]<br>住宅用グラスウール 10 K 相当<br>吹込み用ロックウール 25 K<br>A級インシュレーションボード | 住宅用グラスウール 16 K 相当<br>ビーズ法ポリスチレンフォーム4号<br>ポリエチレンフォームB種<br>タタミボード | 住宅用グラスウール 24 K，32 K 相当<br>高性能グラスウール 16 K，24 K 相当<br>吹込み用グラスウール 30 K，35 K 相当<br>住宅用ロックウール(マット，フェルト，ボード)<br>ビーズ法ポリスチレンフォーム1号，2号，3号<br>押出法ポリスチレンフォーム1種<br>ポリエチレンフォームA種<br>吹込み用セルローズファイバー 25 K<br>吹込み用セルローズファイバー 45 K，55 K (接着剤併用)<br>フェノールフォーム保温板2種1号 | ビーズ法ポリスチレンフォーム特号<br>押出法ポリスチレンフォーム2種<br>フェノールフォーム保温板1種1号，2号，2種2号 |

| E |
|---|
| λ＝0.028 以下 [0.024 以下] |
| 押出法ポリスチレンフォーム3種<br>硬質ウレタンフォーム<br>吹付け硬質ウレタンフォーム（現場発泡品） |

### 6．断熱材・防湿材の施工のポイント

　断熱材・防湿材は損傷を受けやすく，損傷は隙間の原因になるので，材料をひきずったり踏みつけたりしないように気をつけなければなりません。また，床面などでは木片や釘などで破損させてしまうことがあるので，よく清掃したうえで施工します。木材と木材が入りくんだところなどは隙間ができやすいので，材料は少し大きめにカットします。防湿層付きや耳付きの規格品を用いると便利です。

### 7．断熱工法

　木造の断熱工法では，柱と間柱などの部材相互間に断熱材をはめ込む**充てん工法**が多く行われています。地域によっては建物の外側を断熱材で覆う**外張り工法**も効果的です。そのほか，リフォーム工事や部分的に**吹込み工法**が使われます。

#### (1) 充てん工法

　木造建築において，最も一般的に行われている工法で，繊維系断熱材のグラスウールとロックウールに代表されます。施工が簡単で，比較的安価に断熱性能を向上できるという利点があります。しかし，**断熱部分は連続すること**という原則からいうと，充てん工法の場合，筋かいや梁，根太の取合い部は断熱材が欠損しやすい弱点があります。施工段階では，断熱材の入らない部分がないようにし，構造材が入りくんでいる個所やコンセントボックスが取り付く部分，さらに壁中における電気の配線や配管などが通る部分の周辺には，断熱材の入らない隙間が生じないように注意しなければなりまません。また，グラスウールやロックウールは透湿性，保水性が高く，吸湿した場合は断熱性能は著しく低下するということも覚えておきましょう。

#### (2) 外張り工法

　建物全体を断熱材で包んで断熱欠損を生じにくくする方法で，急に普及してきました。外張り工法は関東や東北で多く，北海道では充てん工法が多く用いられています。発泡プラスチック系断熱材などのボード状のものを構造材の柱や間柱の外側に取り付けるもので，工法的にもわかりやすく，施工も比較的簡単です。ただし，断熱材の使用量が多くなり，さらに外壁下地や窓枠などに使用する木材が多く必要になるため，コストアップにつながる点や，寒冷地で断熱材が厚くなると構造上の無理がでてくるなどの問題があります。

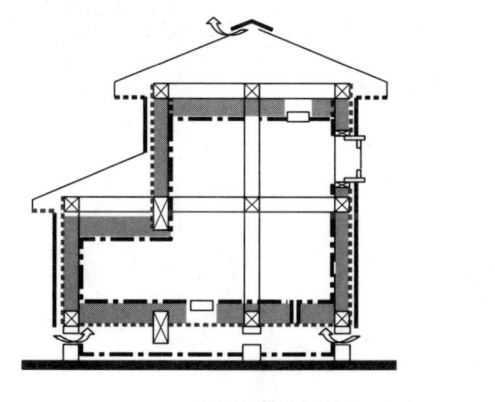

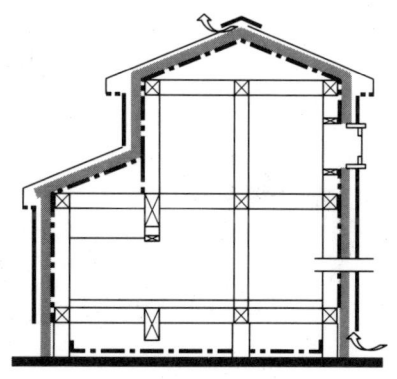

―・―防湿気密フィルム　━━断熱材　……防風材

充てん断熱工法　　　　　　　外張り断熱工法

それでは森村さん次回までよろしく

はい…

あの社長さんただの渋ちんじゃなかったみたいですね

元現場監督だっただけに一通り不具合のおきそうなポイントを押さえてる感じね

今日はとんだところは…よく注意しときますから…

しかもグッドタイミング！

まさに現場を押さえられたってやつよね森村さん今日はしぼられるんだろうな

ちょっとかわいそうですね

## 豆知識

●壁内部結露

1．発生のしくみと問題

　結露とは，空気中の水蒸気が空気の露点温度以下になると，凝固して水になることをいいます。家屋の場合は，「表面結露」と「壁内結露」に分けられます。表面結露とは，室内空気中の水蒸気が壁などの低温部に触れて，その表面に凝結するもので，壁装材を濡らし，しみやはがれの原因となります。これに対し，壁内結露とは，壁内部の水蒸気が温度低下にともなって凝結する現象をいいます。

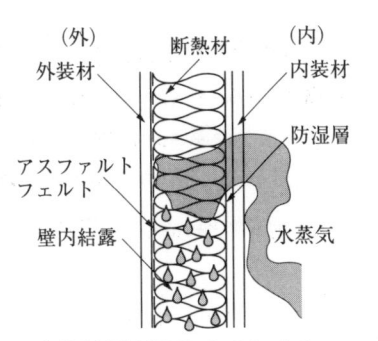

　室内の水蒸気を含んだ空気が，壁を通って屋外に流れ出す時，その一部が壁の中に止まります。その水蒸気を含んだ空気は，室内と屋外の温度差によって結露し，水になります。そのため，壁内部に設置した断熱材のグラスウールを濡らし，断熱効果を低下させてしまいます。被害がひどくなると，柱や土台などの構造材を腐朽させたり，内装材の汚染，汚損をもたらし，建物の寿命を縮めることになります。

内部結露が発生するしくみ

2．対策

(1) 室内から壁内部などへ水蒸気の侵入を防止する方法

　これには断熱材のすぐ内側に防湿層を設置することが有効です。ただし，透水性の少ない発泡プラスチック系断熱材は，防湿層を省略できます。また，断熱材に防湿紙が一体化している商品もあり，この場合も省略できます。単独で設置する防湿紙の種類には，

　①包装用ポリエチレンフィルム：厚さ0.05 mm以上のもの
　②農業用ポリエチレンフィルム：厚さ0.05 mm以上のもの
　③住宅用プラスチック系防湿フィルム：厚さ0.1 mm以上
　　のものがあります。施工の際は，幅広の長尺シートを用い，連続させて隙間ができないようにします。継目は，下地のあるところで100 mm以上重ね合わせます。

①外壁板張りとし，直接通気を可能とする構造

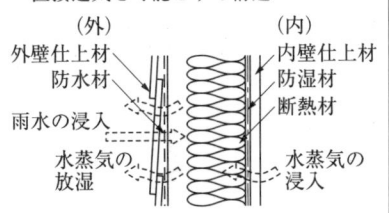

②外壁に通気層を設け，壁体内通気を可能とする構造

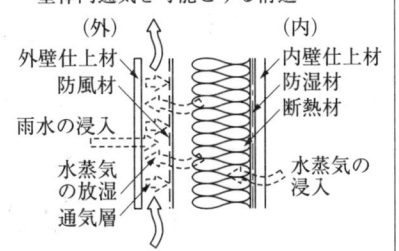

壁内結露を解消した工法

(2) 壁内に侵入した水蒸気を排出する方法

　これには小屋裏換気や床下換気を十分に行うことで対処できます。また，外壁内の換気を行う方法の一つに通気工法があります。通気工法とは，図のように外壁材の裏に空気層を設けて，外気に漏洩（ろうえい）水蒸気が排出されやすくするもので，そのポイントは，外部から断熱層への水の浸入を防ぐことです。そのために，断熱材の通気層側に透湿防水層を設けることが大切です。

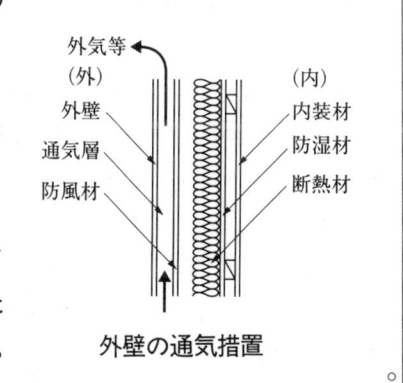

外壁の通気措置

### いっぷくたいむ

◎小屋裏換気の設置方法

　小屋裏換気を十分取らないと結露の原因となり，建物の耐久性に影響を及ぼすことは，107頁「豆知識」で解説した通りです。では，具体的にはどのように小屋裏換気孔を設けたらよいのでしょうか。小屋裏換気孔を設置する際の基本的な考え方は，「独立した小屋裏ごとに2個所以上，有効な位置に設ける」ということです。有効換気面積等については，下図の通りです。また，有効換気面積は，「有効換気孔面積／天井面積」で求められます（換気孔＝吸気孔＋排気孔）。

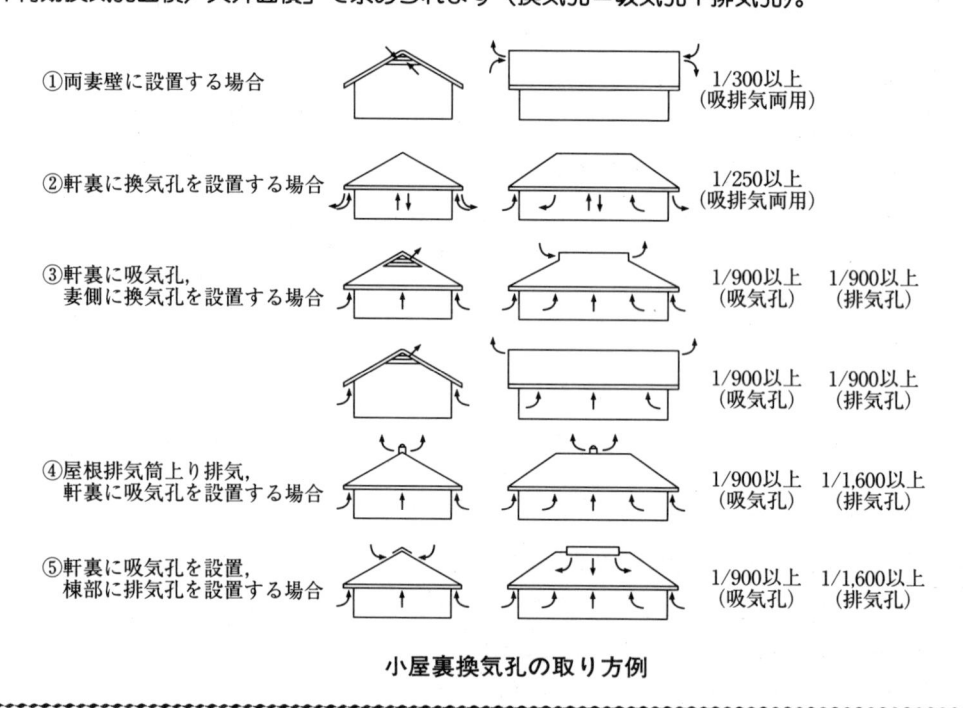

①両妻壁に設置する場合　　　　　　　　　　　　　　　　　1/300以上（吸排気両用）

②軒裏に換気孔を設置する場合　　　　　　　　　　　　　　1/250以上（吸排気両用）

③軒裏に吸気孔，妻側に換気孔を設置する場合　　　　　　　1/900以上（吸気孔）　1/900以上（排気孔）

④屋根排気筒上り排気，軒裏に吸気孔を設置する場合　　　　1/900以上（吸気孔）　1/1,600以上（排気孔）

⑤軒裏に吸気孔を設置，棟部に排気孔を設置する場合　　　　1/900以上（吸気孔）　1/1,600以上（排気孔）

小屋裏換気孔の取り方例

## 私の現場体験談　その3

### 窓の移動でわかった筋かいの入った耐力壁の意味

　先輩の補佐として2件ほど現場監理を経験して，初めて一人で全工程を見ることになったときのことです。上棟も無事に終わりホッとひと息，建物としての形が現われ軸組の作業が進んでいた頃，計画していた玄関わきの窓と隣家の窓が予想以上に近接していることがわかりました。そこで，建て主の了解のもと，窓の位置を60cmほど移動しました。その直上の2階に柱などがなかったので，構造的には問題はないと判断して柱も移動しました。ところがその結果，その柱を利用してダブルで入れていた筋かいの片側には受けの柱がなくなってしまい，耐力壁として効力のない壁になってしまったのです。それに気づかず，現場の工事施工管理者もそのことを理解していませんでした。

　事務所に戻って，柱の移動の件を上司に報告したところ，そこに筋かいは入っていなかったのか，入っていたのならどのような処理をしたのか問われました。そこで初めて筋かいの入った耐力壁の意味を再認識しました。そして建物の構築において，ひとつひとつを正確に積み上げてゆくことの重要性を感じると同時に，設計監理者として現場とつきあってゆく責任の重さを痛感しました。

# 8章
## 造作工事、内・外装工事そして竣工

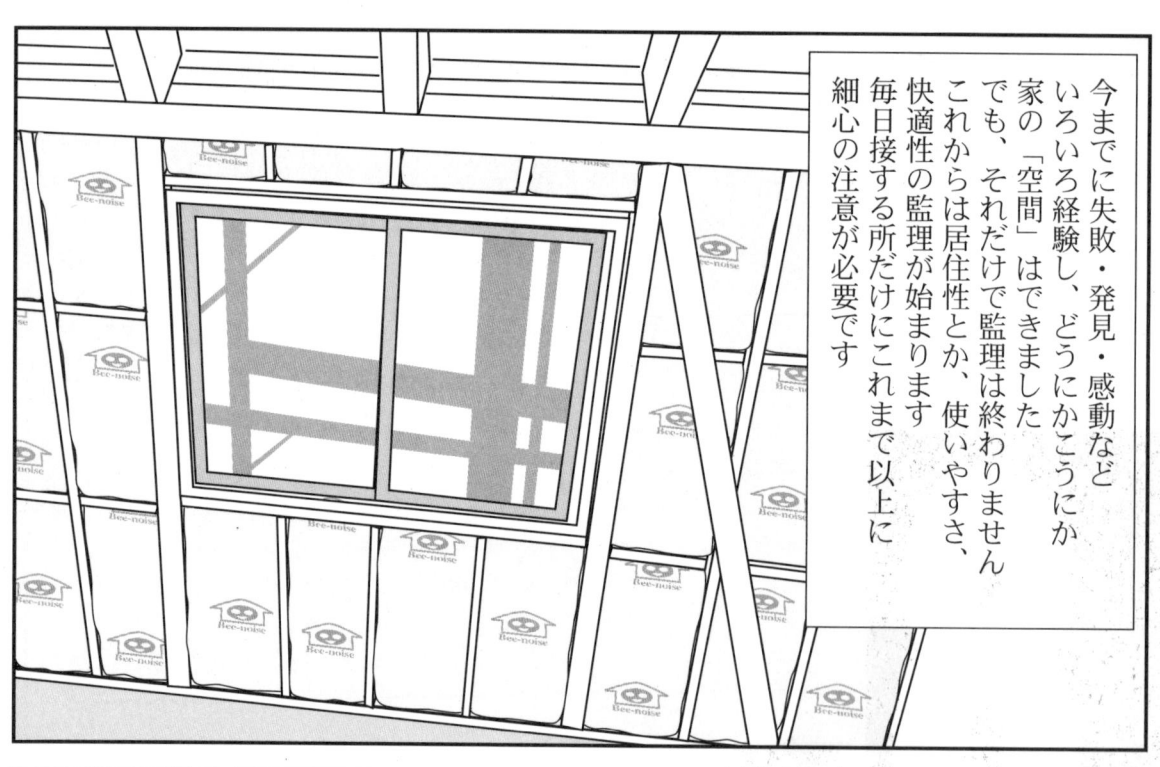

今までに失敗・発見・感動などいろいろ経験し、どうにかこうにか家の「空間」はできました
でも、それだけで監理は終わりません
これからは居住性とか、使いやすさ、快適性の監理が始まります
毎日接する所だけにこれまで以上に細心の注意が必要です

あと器具取付け用の下地材がだいぶ目鼻がつきますね

下地材がきちんと入れられてあるか気をつけて下さい

ええ…それはもちろん注意しますが今までやってきた住宅に比べて増え勝手のようなんですが…

そうかも知れませんが建て主も了解してますから大丈夫ですよ

**お金のことじゃなくて**

**なんでこんなにする必要があるのかなって思ったもので…**

## 邦子さんの解説コーナー

**Q** 内装・造作工事に入る前に，どのような点に注意したらよいですか？

　基礎・躯体・屋根工事などは，人間の容器（shelter）をつくることでしたが，この内装・造作工事では内部空間をつくり，さまざまな人の暮らしを支える具体的な装置を取り付ける工事に入ります。人の暮らしを支える装置の種類は住み手によって異なりますが，基本的なものとしては，(1)**家具**，(2)**手すり**，(3)**フック**，(4)**台所流し・吊り戸棚**，(5)**シャンデリア**，(6)**カーテンレール**，(7)**冷暖房機器**，(8)**換気扇**，(9)**照明**，(10)**コンセント**，などが挙げられます。

　これらの下地設置場所の確認は，生活動作のおおまかな確定でもありますので，完成の姿を予想するとともに細心の注意が必要となります。ここでは，手すりを設置する際のポイントを考えてみましょう。なお，設置工事については，114頁「解説コーナー」を参照してください。

　加齢にともない身体各部の機能低下がおこることを想定して，新築時にあらかじめ予備工事を行っておくと，将来必要なときに簡単に手すりの取付けができます。設置場所は，設計者が住まいの状況で考えることになりますが，住宅金融公庫の融資住宅では，バリアフリータイプとして手すりの設置と下地材の設置場所の基準が決められています。また，「日本住宅性能表示基準（「性能表示基準」）」による設置位置もあわせて記しておきます（126，127頁「住宅性能表示制度」参照）。

### 1．手すりの設置場所

**手すりの設置または設置基準に係る基準とより望ましい措置**

| 手すり設置個所 | | 住宅金融公庫バリアフリー基準 | 性能表示基準（等級3） | 性能表示基準（等級4） | 性能表示基準（等級5） |
|---|---|---|---|---|---|
| 玄関 | | － | 設置準備する | 設置する | 設置する |
| 住戸内階段 | 勾配≦45° | 片側設置 | 片側設置 | 片側設置 | 両側設置 |
| | 勾配＞45° | | 両側設置 | 両側設置 | 両側設置 |
| 便所 | | － | 設置する | 設置する | 設置する |
| 脱衣室・洗面所 | | － | 設置準備する | 設置する | 設置する |
| 浴室 | | 設置する | 設置する（浴槽出入用） | 設置する（浴槽出入用） | 設置する（浴室出入，浴槽出入，浴槽内での立ち座り，姿勢保持，洗い場の立ち座り用） |

### 2．設置のための壁下地補強

　手すりの受け材（断面寸法 35×105 mm 以上）を軸組内に緊結するか，構造用合板厚 12 mm 以上を軸組に緊結します。設置の際は，身体を預けたり，寄りかかったりしても十分耐え得る下地が基本です。手すりの設置場所の高さや幅の位置に，最低 10 cm くらいはゆとりをもって下地を設置します。

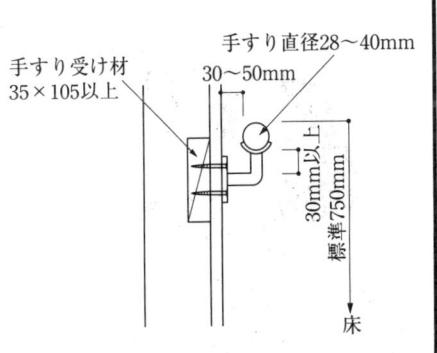

**手すりの下地の取付け方**

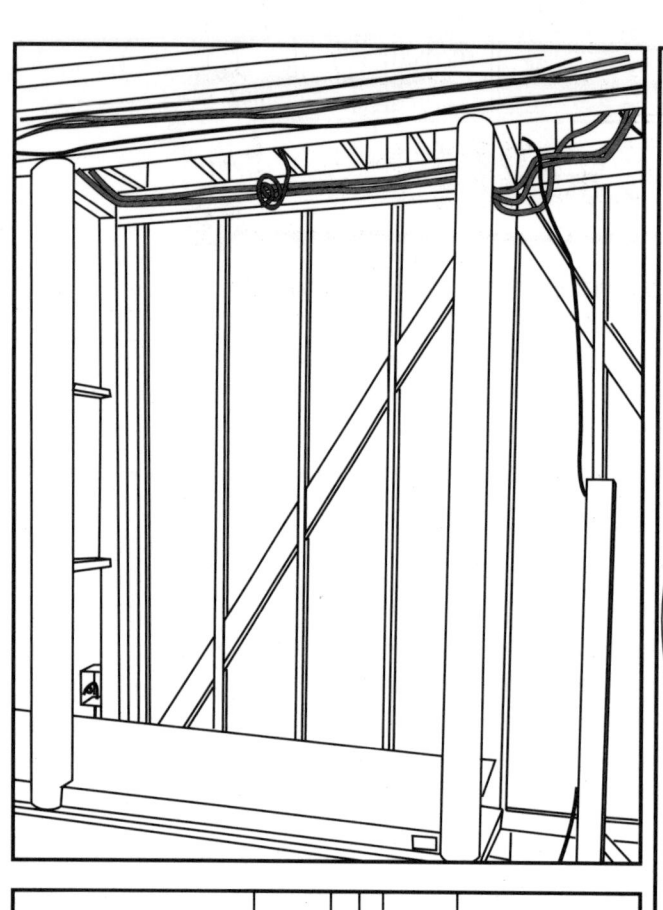

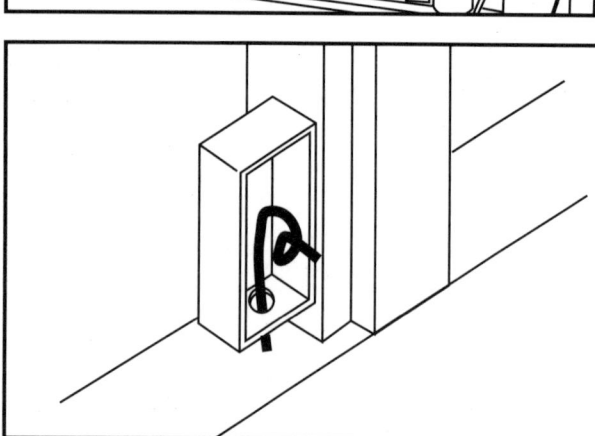

数日後、壁や天井の下地材張りが進んでいるので配線の確認に来ました

今日は木下さんは来ないのか…

さて始めましょう

そういえば最初に邦子さんに図面のチェックをしてもらっているときに……

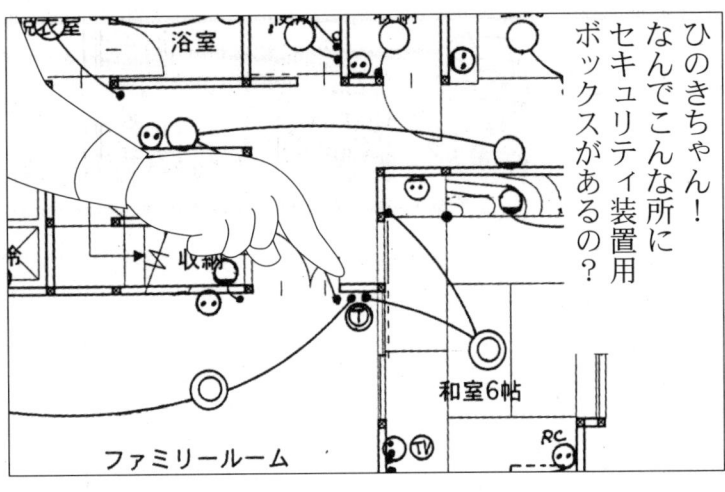

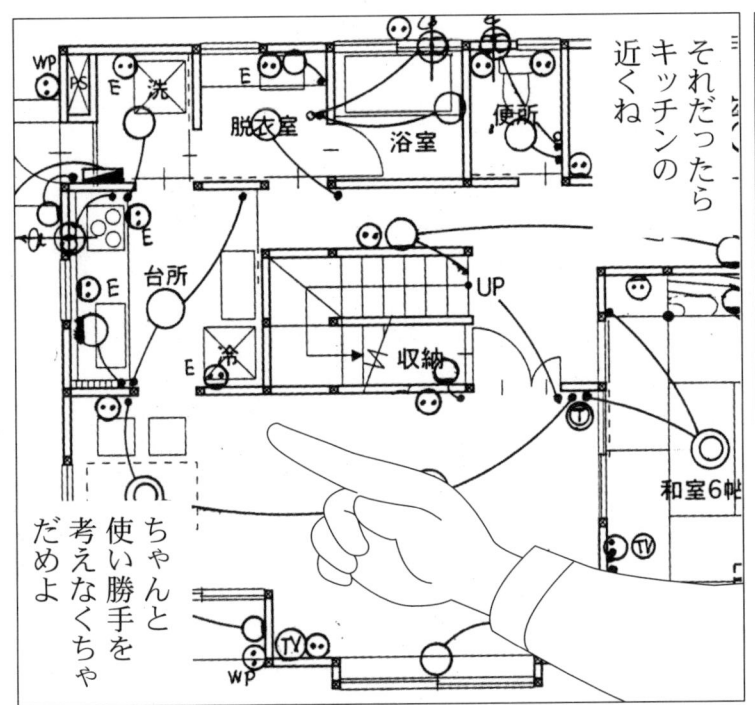

ひのきちゃん！なんでこんな所にセキュリティ装置用ボックスがあるの？

建て主がドアの近くに付けて欲しいとのことでしたので…

でもここじゃ出入りの邪魔になるでしょ

それにこの壁幅だと入らないわよ

それだったらキッチンの近くね

ちゃんと使い勝手を考えなくちゃだめよ

金森邸のセキュリティはどこまで組み込んだかしら？

金森邸はホームテレホンとセキュリティユニットに分けてましてセキュリティは火災センサー、ガスセンサー、外部非常警報です

## 邦子さんの解説コーナー

**Q** コンセントやスイッチ，セキュリティ関連設備の設置にあたって，どのような点に気をつけたらよいのですか？

### 1．コンセント・スイッチのボックスの位置

(1) コンセント

部屋の用途や使い勝手を想定して，2〜5個所設置します。種類には，

① 口数の種類：2口，3口等

② アース付き：漏電時の接触電圧を低く押え，人が触れた際の危険を低くする目的があります。

③ 防水型：湿気や水気のある部屋に設置するとき

などがあります。

**スイッチボックスの取付け**

(2) スイッチ

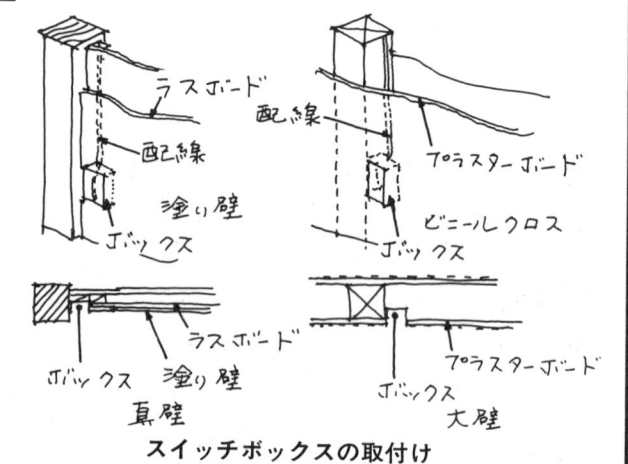

機器を便利に操作できる位置を想定し，3路，4路スイッチも適宜取り入れて考えます。調光器付きのスイッチにして照明の演出をすることもあります。

### 2．屋内配線

木造住宅における屋内配線は，上棟が終了し，屋根，床，壁の下地ができてから天井を張る前に施工します。

配線は，600Vビニール絶縁ビニルシースケーブル（ケーブル）の隠ぺい配線とします。ただし，コンクリート壁などに配線する場合には，ケーブルは電線管（コンジットチューブ）を使用します。分岐や曲がり個所には，ジャンクションボックスを入れます。また，屋内配線は，他の配管（水道管，ガス管など）とは，接触しないように隔離して設置します。

### 3．ホームセキュリティ機器

生活の多様化，24時間化が進むにつれ，より快適な暮らしを求めて住まいの自動化が一般的になってきました。ホームセキュリティ機器は，モニターカメラ付きのドアホンに接続されたテレビユニット，侵入，火災，ガス漏れ，そして非常通報機器に接続されている警報ユニット，施錠と解錠が遠隔操作でできるオートロックユニットなどがあります。そのなかでも最も需要が多いのは，防犯，防災などのセキュリティー機能で，比較的早くから実用化されています。

今回使用する仕上げ材料は従来のものと比べて取り扱いに注意を要するものが多いので気をつけて下さい
そうですね私も初めての材料がありますよ最近増えてますね健康住宅っていいましたっけ
ええ建て主、特に奥様の関心が高くて安心な家をつくりたい、との要望があったもので…
人体や地球環境への配慮か…建築に限らず社会全体がそういう傾向にありますけど実際どうなんでしょうね
実はね森村さん山田は卒論でそっちの方をやってたのよ
えへへ…
そうですかスペシャリストがいれば助かりますね
私もまぁ仕上げ材だけでなく設計の工夫をしながら考えていますけど材料は使い慣れたものについねぇー
総合的にみてどうなんですか?
う〜ん…まだ一長一短という所ですね
どういうとこが?
防火
無機質壁紙1000
96〜98
防火一級品
一級
Bee-noise

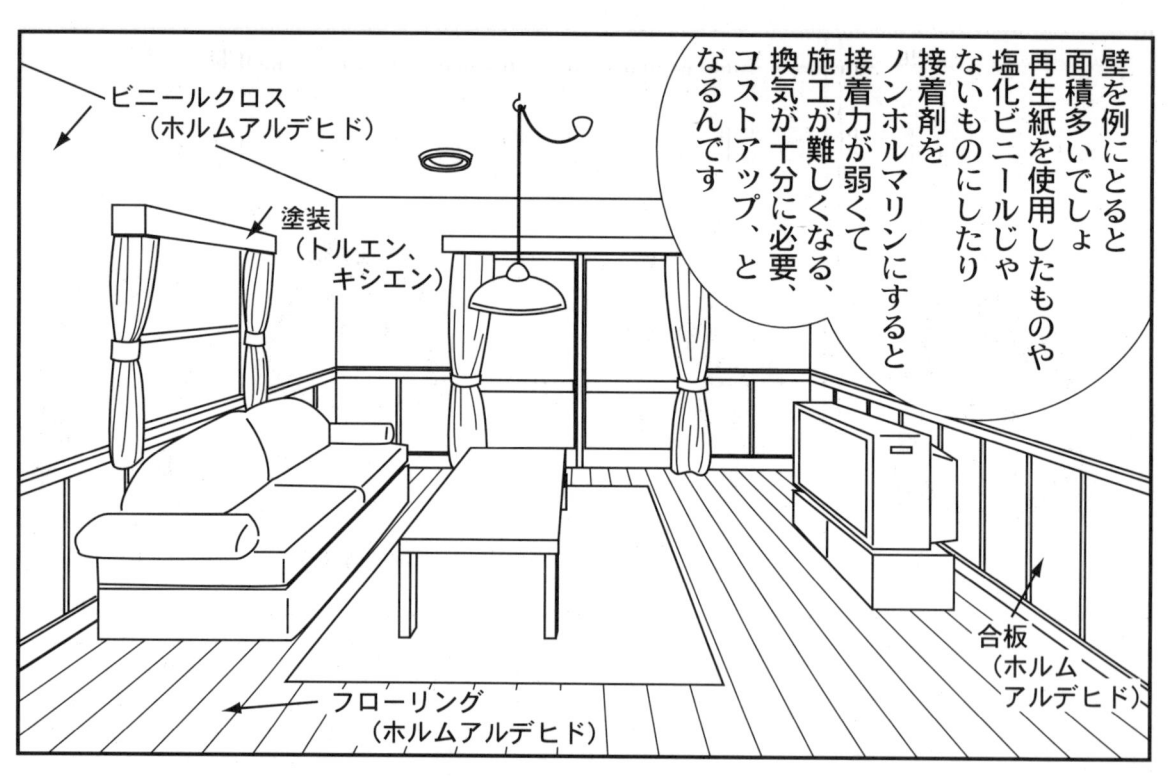

ビニールクロス（ホルムアルデヒド）
塗装（トルエン、キシエン）
合板（ホルムアルデヒド）
フローリング（ホルムアルデヒド）

壁を例にとると面積多いでしょ 再生紙を使用したものや塩化ビニールじゃないものにしたり接着剤をノンホルマリンにすると接着力が弱くて施工が難しくなる、換気が十分に必要、コストアップ、となるんです

私もできれば使い慣れたものにして欲しいですね

そうねまだ評価も決まってないし…でも使わないことには実績がでないし

これからはトータルに考えたいわね

それよりも手配と施工が面倒、養生がやっかいじゃ…

コスト

## 邦子さんの解説コーナー

**Q** 内・外装の仕上げ材で、一般的によく使われるものは何ですか？

一般的によく使われる内・外装の仕上げ材について、その特徴と施工方法をまとめてみました。

### おもな内・外装の仕上げ材

| 用途 | | 仕上げ材 | 特徴 |
|---|---|---|---|
| 外部 | 屋根 | 瓦葺き | 和瓦、洋瓦に分けられ、材質によって粘土瓦、セメント瓦、金属瓦などに分類。 |
| | | 屋根用化粧スレート葺き | セメントおよび石綿を主原料として加圧し、成型したもの。一枚ごとに重ね合わせながら、釘打ちして野地板に留め付ける。 |
| | | サイディング | 厚さ12～22 mm、幅150～300 mm程度のもので、厚さによって耐火性能が異なる。スタッコや木目などの表面模様があり、転式工法でたて張り、横張りがある。窯業系および金属板サイディングもあり、耐久性がありデザインが豊富。 |
| | | ラスモルタルリシン仕上げ | リシンには薄付仕上げ材（セメントリシン、樹脂リシン、ソフトリシン）、厚塗仕上げ材（セメントスタッコ、樹脂スタッコ、ソフトスタッコ）、複層仕上げ材（吹付けタイル）がある。下地モルタルの1回塗り厚は9 mm以下とし、十分に乾燥させないとひび割れの原因となる。 |
| 内部 | 床 | 木質床材 | 主として板その他の木質系材料からなる床板で、表面加工、その他所要の加工を施したものが多い。工法によって根太工法、直張り工法、捨て張り工法がある。厚さは12 mm、15 mmが多い。材質は無垢材もあるが、合板と突板を張り合わせた複合フローリングが一般的である。 |
| | | カーペット敷き | カットパイルとタフテッドの2種類があり、タフテッドの使用が多い。色、柄、風合いからインテリアの重要な要素となるが、敷き込んでしまう方法は管理が大変である。敷込みには、グリッパー工法と全面接着工法の2種類があるが、取替えなどを考慮するとグリッパー工法が良い。 |
| | | ビニル系床材 | 安価で清掃性がある。大きさは、長尺でロール状のものとタイル状のものの2通りある。接着剤で取り付ける。 |
| | | 畳敷き | 畳床としては稲わらポリスチレンフォーム、インシュレーションファイバーボード、インシュレーションファイバーボードサンドイッチがある。厚さは50～60 mm程度である。 |
| | 壁 | プラスター塗り | 使用する材料は下地によって異なる。ラスボード下地に塗る場合は、ボード用せっこうプラスターを用いる。 |
| | | 壁紙・クロス張り | プラスターボードを下張りし、各ボードのジョイント部のがたつきをパテおよび寒冷沙張りなどで調節したうえで接着剤で張り付ける。安価で、色、柄などが豊富。 |
| | | 板張り | 厚さ12～15 mm、幅100 mm前後の板を実加工のうえ張る羽目板張り。合板に化粧単板や薄板を接着圧着した練り付けなどがある。 |
| | | 珪藻土塗り | 原料は優れた調湿性と断熱性をもつ珪藻（けいそう）土で、ワラ、スサまたは砂、桐生砂、珪石などを配合したもの。コンクリート、モルタル、ボードなどに塗れる。 |
| | | 繊維壁塗り | 原料は有機・無機質で粒状と繊維状、色土がある。ボード下地の場合は目地にテープを張る |
| | | タイル張り | 焼成温度や原石の違いにより、磁器、陶器タイルに分けられる。磁器は吸水性が少なく、外部タイルとして、陶器タイルは主に内部に用いられる。下地はモルタルまたは吸水性の少ないボードなど。施工法には、圧着工法、接着工法などがある。 |
| | 天井 | せっこうボードペンキ仕上げ | せっこうボードは、ジョイント部の不陸をパテおよび寒冷沙張りなどで調節し、合成樹脂エマルションペイントを2回塗り以上する。はけ塗り、ハンドローラー塗り、吹付けなどの塗り方がある。 |
| | | 杉柾ベニヤ敷目板張り | 和室の天井に用いる。合板に杉柾の化粧単板が練り付けてあり、幅450 mmのもので底板に凹目地をつけている。 |

そしていよいよ金森邸の竣工検査の日を迎えました

こちらが寝室になります

落ち着いた感じでなかなかいいね!

ほんと!山田さんのおかげでいい夢が見られそう

僕の部屋ができてないよ!

バン

え?

きれいに仕上がっていたはず……あれ?

これって何か前にも…!

ごめんね！どこでもドアは作れなかったのよ…
あれー？
なんでボクが聞こうとしたことがわかったの？
な・い・しょ！
それでは外回りの説明をしますので…
こちらの説明は和田工務店の森村さんの方から…

さぁ次は皆さんの番ですお仕事頑張って下さいね！

## 👉 豆知識

**●バリアフリーの住宅と法的整備の動き**

　高齢化社会に対応した住宅ストックの形成を図ることを目的に，加齢などによる身体機能の低下や障害が生じた場合にも，基本的にそのまま住み続けることが可能な住宅の設計について，平成7年に**長寿社会対応住宅設計指針**および**長寿社会対応住宅設計指針補足基準**が旧建設省（現在の国土交通省）から示されました。同指針は，基本レベルと推奨レベルの二段階で構成されており，住宅金融公庫のバリアフリー基準は原則として基本レベルを勘案して策定されています。

　また，平成12年には，**住宅の品質確保の促進等に関する法律に基づく日本住宅性能表示基準**が定められました。同基準による「高齢者配慮対策等級（専有部分）」においては，各等級別で講じる対策を決定し，来るべきわが国の高齢化へのきめ細やかな推進の実現を図っています。

(1) 部屋の配置・つながり

　高齢者の日常生活空間である玄関，廊下，居間（食堂），階段，便所，洗面および浴室はできる限り同一階に配置する。やむを得ない場合は，高齢者の寝室と便所は同一階とし近接させる。

(2) 床の段差を解消

　日常生活空間の出入口や室内の床の段差をなくし，玄関ポーチの上がり框は180mm以下にする。

(3) 手すりの取付け（111頁参照）

(4) 通路・出入口の幅員の確保

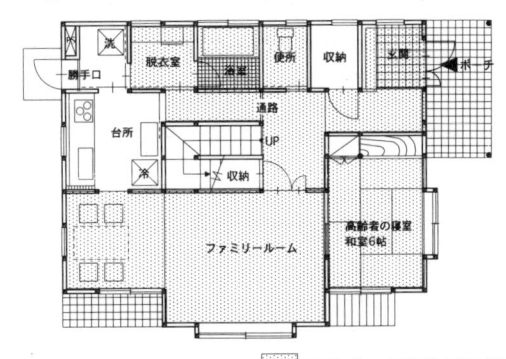

　車いす通行や介助者の動き，手すりの設置を考えて通路幅780 mm以上，また出入口の幅は日常生活空間の居室では有効750 mm以上，浴室では600 mm以上が求められている。階段の望ましい形状は中途で踊り場を設け，まわり階段にしないこと。踏面(T)と蹴上げ(R)の関係は，550 mm≦T＋2R≦650 mm，勾配≦6/7とし，できれば勾配≦7/11が望ましい。

(5) 床・壁の仕上げ

　住戸内の床，壁の仕上げは滑り，転倒しにくいものを用いる。

(6) 建具

　安全で開閉しやすく，取手，引手は使いやすい形状で適切な位置に取り付ける。

(7) その他

　①ガス設備は安全で操作しやすい方式にする。②照明は安全な個所に設置し，十分な照度を取る。スイッチなどは見やすくする。③火災その他の非常用警報装置などを考える。④部屋間の温度差をなくすよう断熱，換気に配慮する。⑤余裕ある収納スペースをとり，出し入れしやすくする。

**高齢者の日常生活空間**

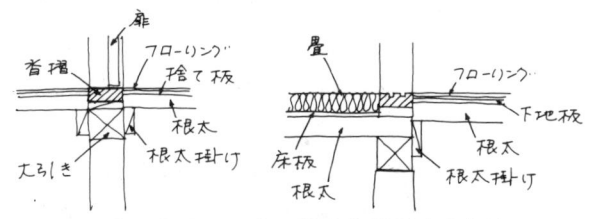

**根太掛けを用いて床の段差を解消する方法**

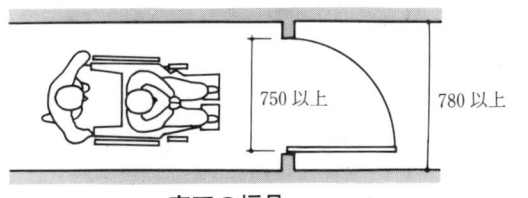

**廊下の幅員**

### いっぷくたいむ

◎健康住宅を考える―住まいのなかの化学物質

　新聞やテレビでその被害が頻繁に取り上げられるようになったシックハウス症ですが，平成15年7月には，建材の使用制限や換気設備の設置を義務付ける，シックハウス関連の改正建築基準法も施行されます。同法で規制対象となる化学物質は，クロルピリホスとホルムアルデヒドの2種類です。クロルピリホスはシロアリ予防・駆除のために土台や浴室などの水回りの木部に塗布される薬剤で，ホルムアルデヒドは壁紙や合板の接着剤の中に防腐剤として使用されています。

　室内空気汚染が原因で発症する健康被害であるシックハウス症は，頭痛や吐き気，目の痛み，倦怠感など症状がさまざまなうえ，同じ環境下にいるすべての人に同じ症状がでるわけではないので，その因果関係は十分に解明されていないことも事実です。シックハウス症の代表的な原因としてあげられているのがホルムアルデヒドですが，その他に少なくても数十から数百もの揮発性有機物質が空気中に浮遊していると言われています。

　室内の空気を汚染している物質は，大きく次の4種類に分類されます。①生物：ダニ，カビ，ペットの毛，ウィルス等の細菌，②空気：一酸化炭素，二酸化炭素他，③化学物質：ホルムアルデヒド，VOC（揮発性有機化合物，トルエン，キシレン，クロルピリホス他），④粒子状物質：タバコの煙，塵芥等。このうち，建物をつくる際に関係が深いのが「化学物質」です。特に配慮をしなければ，住いを構成するあらゆる建材に化学物質が含まれていると言っても過言ではないでしょう。

　例えば，住いの床下には，土台としての防腐・防蟻剤として薬剤を塗布するのが現在の一般的な工法です。本来，日本の住宅の床下はとても風通しの良いつくり方をしていたのです。風通しが良く，十分に乾燥していれば木材は不朽しにくく，シロアリの生育を防ぐことができます。しかし，今日では狭小敷地のために，土台を高く床下を広く確保することは困難な場合が多くなりました。

　また，シロアリのきらう木材より，安い木材に化学的な殺虫剤を使うことで建築コストを削減するという選択をしているのが現状です。しかし，化学薬品が人体や環境に与える影響を考えると，今後は化学薬品に頼るのではなく，木材の選択や十分に風が流れる工法に積極的に取り組む必要があるでしょう。また，防腐・防蟻剤を使用する場合には，天然からとれるものを利用して作られている処理剤を採用するなどの配慮が望まれます。

　省エネルギーが叫ばれ，家づくりも気密・断熱化が主流になりました。エアコンをかけて室内を密閉すれば，私たちが空気中に浮遊している化学物質を吸い込むのは当然です。住宅の気密性が高まったことが，化学物質過敏症を引き起こしやすくなった大きな原因であると考えられています。

　私たちは四季を通して，快適な室温を自由に操れる状況を手に入れてしまったのです。そして，もはやこの快適生活を手放すことはなかなかできないでしょう。となると，住まいに関して，私たちはどんな注意をしなければならないのでしょうか。昔の人は家ができあがってからも，土壁が乾くまでしばらくは住まなかったといいます。今なら揮発性の化学物質がある程度出てしまうまで待って，というところでしょうか。十分な換気に注意して，といった住まい手の配慮と同時に，つくり手側としてもさまざまな工夫をしてゆく必要があります。なによりも，なるべく自然に近い建材を選択することが大事ですが，化学処理をされたものの良さとその問題点とを十分把握したうえで，適材適所の使い方をすることが大切です。

## ここでマスター！　よく聞く用語

[軸組] 垂直材である柱と横架材である土台，胴差し，梁で構成される骨組をいう。

[通し柱] 2階，3階建軸組の，土台から桁まで1本の材で通す柱のこと。建て方時には定規の役割をする。

[管柱（くだばしら）] 土台から胴差し，胴差しから桁までの柱のことで，胴差し，桁および床梁などの横架材を支えるもの。上下の仕口はほぞ差しになる。

[隅柱（すみばしら）] 建物の隅角部の柱。出隅の場合はほとんどが通し柱になる。隅柱には地震時の水平力による大きな引抜き力がかかってくるので，柱と土台は金物を用いてしっかり緊結する。

[桁（けた）] 柱や壁の上端に据えられた横架材のこと。おもに側柱（外壁）の上にのり，垂木や梁などを受ける横架材をいう。

[棟木（むなぎ）] 小屋組の最頂部の棟を支える横架材。軒桁と平行しており，垂木を支える。

[胴差し] 2，3階の床位置で床梁または根太を受ける横架材で，通し柱に差して相互をつなぐ役目をする。また管柱や壁の頂部（または下部）を固定する。

[構造用合板] 建物の構造上や耐久性上，必要とされる部分に使用される品質をもつ合板。強度の等級は「1級，2級」がある。2級は木造住宅の耐力壁，野地板や床合板を対象にしており，1級は2級の対象以外に構造計算をした合板に使用する。このほか，「1類，特類」があり，合板の接着程度を示しており，1類は屋内向け，特類は屋外や常時湿潤している場所に使う。

[まぐさ] 軸組の窓や出入口の開口部の上部で柱間に渡し，小壁を支える横架材。

[四方差し（しほうざし）] 通し柱の横架材との仕口で，胴差しや床梁が四方から集中すること。仕口加工による柱の断面欠損が大きくなり好ましくない。柱寸法を大きくしたり，横架材の取り付く位置をずらしたりする必要がある。

[横架材] 軸組を構成する部材で横材をいう。桁，棟木，胴差しおよび梁などを指す。

[筋かい] 軸組の垂直面で柱と横架材を対角線につなぐ斜材のこと。水平力を受けるが，応力の向きにより引張り筋かいになったり圧縮筋かいになったりする。建築基準法施行令第46条により，筋かいの寸法で壁の強さが規定されている。

[火打ち] 床組，小屋組などの水平面の変形を防止するために，隅部に設ける斜材。1階床組の場合は火打ち土台といい，2階床，小屋面に設ける場合は火打ち梁という。

[腐朽] 空気，適温，水があれば，木材を養分として腐朽菌が繁殖し，木材成分のセルロースやリグニンが分解され，木材組織が破壊される現象，腐れのこと。また腐朽菌とは木材質を腐らせる菌類の総称で，ナミダタケ，オオウズラタケやスエヒロタケなどがある。

[劣化] 「老朽化」ともいい，建物や材料が本来もつ力が失われる状態をいう。

[耐力壁（たいりょくへき）] 筋かいの入った軸組や面材を張った軸組などで，風や地震などの水平力に抵抗する壁のこと。

[耐力壁線（たいりょくへきせん）] 建物平面上で耐力壁の配置された軸線をいう。

[剛性] 変形しにくい固さ（強さ）があること。

[大壁（おおかべ）] 木造住宅の軸組を合板や仕上げ材で上から覆い，柱や筋かいの構造体を隠した壁構法。現在一番普及している構法で，外壁にはモルタル塗りやサイディング張りなど，多様な方法が用いられる。近頃では外壁部では断熱・気密工法，通気工法などがとられている。

[真壁（しんかべ）] 木造住宅の柱や梁の主要軸組材を現しにして，壁をその内法（うちのり）で仕上げる構法。見え掛かりの軸組材はそのまま仕上げになる。壁は小舞（こまい）下地の上に土や漆喰（しっくい）塗りにした伝統的な構法であったが，現在ではボードなどの面材張りによる方法が多い。

[貫（ぬき）] 軸組の壁で筋かいを用いず，柱間をつなぐ横木のこと。伝統的な構法で，柱の

## ここでマスター！ よく聞く用語

1/4割材を使用し，真壁を構成する。現在では構造用合板などと併用すれば耐力壁としても認められている。

［**セットバック**］2階が1階外壁より後退した建物の形状のことで，一般には「下屋を出す」という。道路斜線や北側斜線などの法的規制による場合が多い。

［**オーバーハング**］2階の外壁が1階よりせりだした建物の形状。本来，木造の用語ではないが，わかりやすいので使われている。

［**末口**(すえくち)／**元口**(もとくち)］丸太の梢(こずえ)側の部分。通常，丸太の径は末口の径をいう。また，丸太の根側部分は元口といい，建築材としては末口と元口の径の差が少ないほうがよい。

［**板図**(いたず)］軸組の加工に先立ち，平面図と伏図(ふせず)を合わせたものを合板に描き写したもの。番付(ばんづけ)を振る。

［**木摺**(きずり)］壁のモルタル下地用メタルラスを取り付けるために，小幅板を軸組に目透かし張りすること。

［**梁間**(はりま)］小屋梁などの横架材の支点間のこと。梁間方向とは，小屋梁などの平行方向のことをいう。

［**桁行**(けたゆき)］桁と平行方向のことで，梁間とは直角の軸方向である。

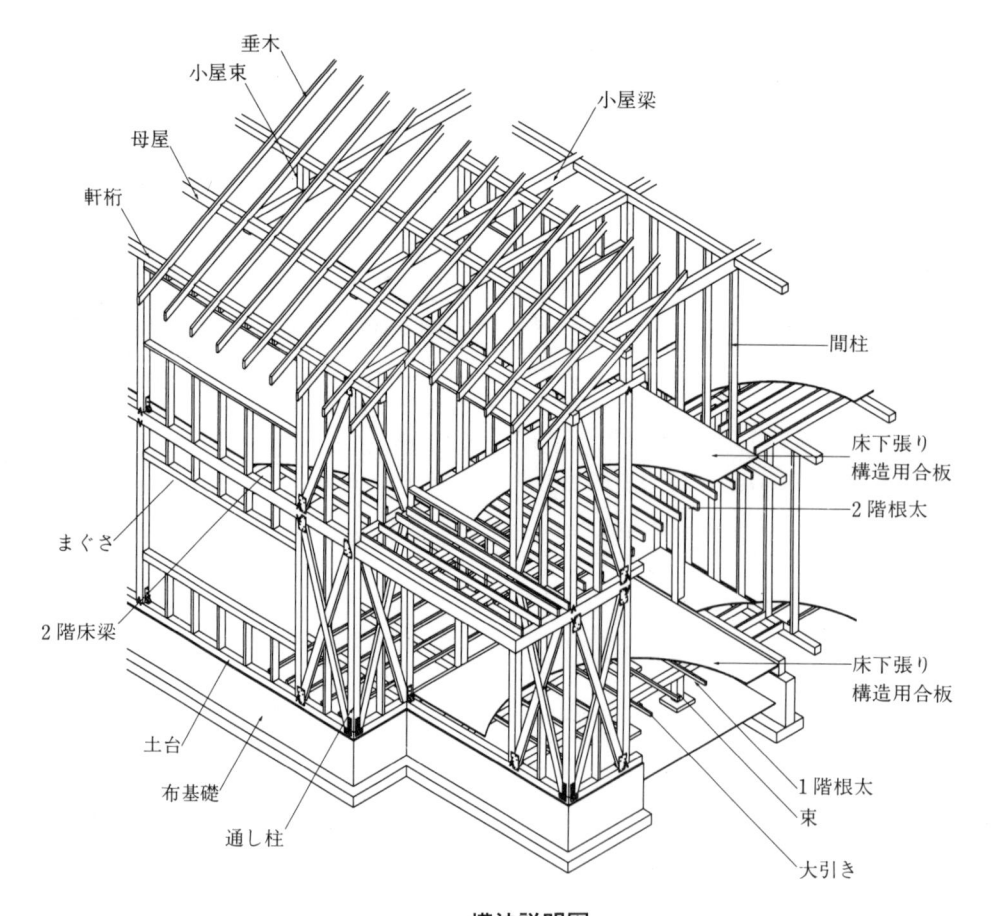

**構法説明図**

# 付

## Zマーク表示金物・参考資料他

# 住宅性能表示制度（1）

●住宅性能表示制度とは

この制度は，**住宅の品質確保の促進等に関する法律**の中の大きな柱として，平成12年に制定されました。新築住宅の性能を，共通に定められた評価方法を用いて客観的に表示します。それを第三者が確認することで，安心して住宅を取得できることを目的としています。住宅の工法，構造，施工者を問わず，だれでも申請することができ，建築基準法に基づく確認申請のような義務ではなく，任意に活用するものです。ただし，建築基準法に適合していることが条件となります。

●住宅性能表示制度の概要

この制度は，次に示す2つの大きなしくみ（制度）から成り立っています。

1. 住宅の性能を評価し，表示する制度

(1) 設計住宅性能評価

住宅を評価する9項目の基準があり，この評価方法に基づいて目標を定めて設計図書を作成し，その性能表示を表示します。それを第三者機関である指定住宅評価機関に申請すると，評価機関は設計図書に示された内容から性能の適合性を確認します。基準を満たしていれば，**設計住宅性能評価書**を添付します。

(2) 建設住宅性能評価

評価機関が，設計評価を受けた内容が実現されているかを，施工の中途段階および竣工時に住宅の検査を行います。性能が達成されていると判断されると，建築確認検査済証を発行された後に**建設住宅性能評価書**を交付します。

これは，契約時に設計住宅性能評価書（またはそのコピー）を添付している場合は，建設住宅性能評価が交付されてはじめて契約どおりの施工が行われたことを証明するものです。しかし，あくまでも竣工時点の評価であって，引き渡し後の何年か経過した時点での性能を約束するものではありあません。

2. 指定紛争処理機関の活用

建設住宅性能評価書を受けた住宅は，万一，住宅取得者，工務店または設計者の間で紛争が生じた場合に，弁護士や建築の専門家が紛争処理にあたる指定紛争処理機関を利用できます。紛争内容が性能のことや工事，契約の如何にかかわらず，少ない費用で迅速に円満な解決のために処理を行うことになっています。

●評価方法基準と項目（次頁表参照）

(1) 住宅性能表示制度では，表示する事項が大きく9項目の区分があります。9項目のうち，「構造の安定」，「火災時の安全」等のような中項目があります。

(2) 表示の方法は，多くは性能の水準を等級で表示します。等級の数字が多いほど性能の高さを表します。また，等級がない場合もありえます。

(3) 性能表示は，任意の「音環境」を除き，すべてについて表示しなければなりません。

# 住宅性能表示制度(2)

**評価方法基準の 9 項目**

| | 項　目 | 表示する項目と概要 | |
|---|---|---|---|
| 1 | 構造の安定 | 耐震等級（倒壊，損傷のしにくさ）<br>等級 3・2・1 | ・壁量<br>・配置の釣合い<br>・床倍率<br>・接合部<br>・基礎<br>・横架材 |
| | | 耐風等級（倒壊，損傷のしにくさ）<br>等級 2・1 | |
| | | 耐積雪等級（倒壊，損傷のしにくさ）<br>等級 2・1 | |
| | | 地盤・許容支持力の設定方法 | 許容支持力・根拠 |
| | | 基礎の構造方法・形式 | 基礎の種類記載 |
| 2 | 火災時の安全 | 感知警報装置設置等級<br>等級 4・3・2・1 | 自火報設備，住宅用火災報知器の配置 |
| | | 3 階の脱出対策 | 避難ばしご等 |
| | | 耐火等級（開口部）等級 3・2・1<br>（延焼の恐れのある部分が対象） | 耐火時間 60 分以上・20 分以上・他 |
| | | 耐火等級（開口部以外）<br>等級 4・3・2・1<br>（延焼の恐れのある部分が対象） | 耐火時間 60 分・45 分・20 分・他 |
| 3 | 劣化の軽減 | 外壁の軸組等・土台<br>浴室，脱衣室<br>地盤・基礎の高さ<br>床下・小屋裏換気<br>構造部材の基準　　　　等級 3・2・1 | 防腐・防蟻措置<br>防水措置<br>防蟻措置・立ち上がり高さ・防湿措置<br>換気方法 |
| 4 | 維持管理への配慮 | 配管の方法・地中埋設管の基準<br>排水管の性能（等級 3・2・1）<br>排水管の清掃しやすさの措置<br>点検しやすさ（等級 3） | コンクリート内に埋込まない・配管上にコンクリートを打設しない等 |
| 5 | 温熱環境 | 省エネルギー対策等級（地域区分による）<br>等級 4・3・2・1<br>断熱構造とする部分<br>躯体の断熱性能の基準<br>開口部の断熱性能の基準 | 断熱材の種類と厚さ<br>断熱材の施工<br>気密層の施工<br>開口部断熱・気密性能<br>開口部日射遮蔽 |
| 6 | 空気環境 | ホルムアルデヒド対策<br><br>全般換気対策（住宅全体の換気）<br>局所換気対策（台所・浴室・便所の換気）<br>空気中の化学物質濃度（選択） | 特定木質建材の JIS(ホルムアルデヒド放散量)表示<br>必要換気量の確保<br>換気扇設置<br>竣工時測定 |
| 7 | 光・視環境 | 単純開口率<br>方位別開口比 | 開口面積の比率 |
| 8 | 音環境<br>（選択項目） | 遮音等級（居室外壁の開口部）<br>等級 3・2・1 | サッシおよびドアセットが JIS 1-1, 1-2 |
| 9 | 高齢者等への配慮 | 高齢者等の移動および介助のしやすさについて（特に配慮した措置・配慮した措置・基本的な措置）<br>高齢者等の移動について（基本的措置）<br>建築基準法のレベル<br>等級 5・4・3・2 | 部屋の配置基準<br>段差の解消の基準<br>階段の安全性の基準<br>手すりの設置基準<br>通路・出入口の幅員の基準<br>寝室・便所・浴室の基準 |

# Ｚマーク表示金物（１）

| 種類 | 記号 | 形状・寸法（単位：mm） | 使用接合具 | 用途 |
|---|---|---|---|---|
| 柱脚金物 | PB-33<br><br>PB-42 | PB-33: t4.5, 鋼管, 85, 90, 85, 250<br>PB-42: 40, 90, 90, 90, 200, 220, t4.5 | PB-33<br>　六角ボルト　　1-M 12×110<br>　六角ナット　　1-M 12<br>　または<br>　全ねじボルト　1-M 12×115<br>　六角袋ナット　2-M 12<br>PB-42<br>　六角ボルト　　2-M 12×110<br>　六角ナット　　2-M 12<br>　または<br>　全ねじボルト　2-M 12×115<br>　六角袋ナット　4-M 12 | 玄関の独立柱等の柱脚の支持 |
| 短ざく金物 | S | t3.2, 40, L<br>L：300, 330, 360, 420, 450 | 六角ボルト　　2-M 12<br>六角ナット　　2-M 12<br>角座金　　　　2-W 4.5×40<br>スクリュー釘　3-ZS 50 | １，２階管柱の連結，胴差し相互の連結等 |
| ひら金物 | SM-12<br><br>SM-40 | SM-12: t2.3, 25, 120<br>SM-40: t2.3, 25, 400 | SM-12<br>　太め釘　　　4-ZN 65<br>SM-40<br>　太め釘　　　12-ZN 65 | SM-12：かすがいと同様の用途<br>SM-40：短ざく金物と同様の用途 |
| かね折り金物 | SA | t3.2, 40, L, L<br>L：210, 240, 270, 300, 345 | 六角ボルト　　2-M 12<br>六角ナット　　2-M 12<br>角座金　　　　2-W 4.5×40<br>スクリュー釘　2-ZS 50 | 通し柱と胴差しの取合い |
| ひねり金物 | ST<br>（右ひねりのみ） | ST-9, ST-12: t1.6, 20, 90,120<br>ST-15: t1.6, 20, 150 | ST-9, ST-12<br>　太め釘　　　4-ZN 40<br>ST-15<br>　太め釘　　　6-ZN 40 | 垂木と軒桁，または母屋の接合 |
| 折曲げ金物 | SF<br>（右ひねりおよび左ひねり） | t1.6, 20, 40, 80<br>右ひねり　　左ひねり | 太め釘　　　　6-ZN 40 | ひねり金物と同様の用途 |

# Zマーク表示金物（2）

| 種類 | 記号 | 形状・寸法（単位：mm） | 使用接合具 | | 用途 |
|---|---|---|---|---|---|
| くら金物 | SS | | 太め釘 | 7-ZN 40 | ひねり金物と同様の用途 |
| かど金物 | CP・L<br>CP・T | | 太め釘 | 10-ZN 65 | 引張りを受ける柱の上下の接合 |
| 山形プレート | VP | | 太め釘 | 8-ZN 90 | かど金物と同様の用途 |
| 羽子板ボルト | SB・F<br>SB・E<br>SB・F 2<br>SB・E 2 | L：280, 310, 340, 370, 400, 430 | 六角ボルト<br>六角ナット<br>角座金<br>スクリュー釘<br>（仮留め用）<br><br>SB・F 2，SB・E 2 は仮留め用の釘孔のないもの | 1-M 12<br>2-M 12<br>2-W 4.5×40<br>1-ZS 50 | 小梁と軒桁，軒桁と柱，梁と柱および胴差しと通し柱の連結 |
| 火打ち金物 | HB | （踏張り 700） | 平釘<br>小型角座金<br>六角ボルト<br>六角ナット<br>角座金 | 6-ZF 55<br>2-W 2.3×30<br>2-M 12<br>2-M 12<br>2-W 4.5×40 | 床組および小屋組の隅角部の補強 |
| 筋かいプレート | BP | | 角根平頭ボルト<br>小型角座金<br>六角ナット<br>太め釘 | 1-M 12<br>1-W 2.3×30<br>1-M 12<br>10-ZN 65 | 筋かいを柱と横架材に同時に接合 30×90 mm 筋かいに使用 |

# Zマーク表示金物（3）

| 種類 | 記号 | 形状・寸法（単位：mm） | 使用接合具 | 用途 |
|---|---|---|---|---|
| 筋かいプレート | BP-2 | t2.3、280、160 | 柱へ<br>　スクリュー釘　　5-ZS 50<br>土台・横架材へ<br>　スクリュー釘　　5-ZS 50<br>筋かいへ<br>　スクリュー釘　　7-ZS 50<br>　角根平頭ボルト　1-M 12<br>　六角ナット　　　1-M 12<br>　小型角座金　　　1-W 2.3×30 | 筋かいを柱と横架材に同時に接合 45×90 mm 筋かいに使用 |
| 引き寄せ金物（ホールダウン金物） | HD-B10 | t3.2、80、220、80 | 柱へ<br>　六角ボルト　　　2-M 12<br>　六角ナット　　　2-M 12<br>　角座金　　　　　2-W 4.5×40<br>　またはラグスクリュー<br>　　　　　　　　　2-LS 12<br>土台へ<br>　座金付きボルト　1-M 16 W<br>　六角ナット　　　1-M 16<br>　角座金　　　　　1-W 6.0×54<br>柱相互の緊結の金物相互は<br>　六角ボルト　　　1-M 16<br>　六角ナット　　　1-M 16<br>　角座金　　　　　2-W 6.0×54 | 土台と柱の緊結<br>上下階の柱相互の緊結 |
| | HD-B15 | t3.2、80、310、80 | 柱へ<br>　六角ボルト　　　3-M 12<br>　六角ナット　　　3-M 12<br>　角座金　　　　　3-W 4.5×40<br>　またはラグスクリュー<br>　　　　　　　　　3-LS 12<br>土台へ<br>　座金付きボルト　1-M 16 W<br>　六角ナット　　　1-M 16<br>　角座金　　　　　1-W 6.0×54<br>柱相互の緊結の金物相互は<br>　六角ボルト　　　1-M 16<br>　六角ナット　　　1-M 16<br>　角座金　　　　　2-W 6.0×54 | |
| | HD-B20 | t3.2、80、400、80 | 柱へ<br>　六角ボルト　　　4-M 12<br>　六角ナット　　　4-M 12<br>　角座金　　　　　4-W 4.5×40<br>　またはラグスクリュー<br>　　　　　　　　　4-LS 12<br>土台へ<br>　座金付きボルト　1-M 16 W<br>　六角ナット　　　1-M 16<br>　角座金　　　　　1-W 6.0×54<br>柱相互の緊結の金物相互は<br>　六角ボルト　　　1-M 16<br>　六角ナット　　　1-M 16<br>　角座金　　　　　2-W 6.0×54 | |

# Ｚマーク表示金物（４）

| 種類 | 記号 | 形状・寸法（単位：mm） | 使 用 接 合 具 | 用　　　途 |
|---|---|---|---|---|
| 引き寄せ金物（ホールダウン金物） | HD-B25 | t3.2、80、490、80 | 柱へ<br>　六角ボルト　　　5-M 12<br>　六角ナット　　　5-M 12<br>　角座金　　　　　5-W 4.5×40<br>　またはラグスクリュー<br>　　　　　　　　　5-LS 12<br>土台へ<br>　座金付きボルト　1-M 16 W<br>　六角ナット　　　1-M 16<br>　角座金　　　　　1-W 6.0×54<br>柱相互の緊結の金物相互は<br>　六角ボルト　　　1-M 16<br>　六角ナット　　　1-M 16<br>　角座金　　　　　2-W 6.0×54 | 土台と柱の緊結<br>上下階の柱相互の緊結 |
| | HD-N 5 | t3.2、80、310、80 | 柱へ<br>　太め釘　　　　　6-ZN 90<br>土台へ<br>　座金付きボルト　1-M 16 W<br>　六角ナット　　　1-M 16<br>　角座金　　　　　1-W 6.0×54<br>柱相互の緊結の金物相互は<br>　六角ボルト　　　1-M 16<br>　六角ナット　　　1-M 16<br>　角座金　　　　　2-W 6.0×54 | |
| | HD-N10 | t3.2、80、410、80 | 柱へ<br>　太め釘　　　　　10-ZN 90<br>土台へ<br>　座金付きボルト　1-M 16 W<br>　六角ナット　　　1-M 16<br>　角座金　　　　　1-W 6.0×54<br>柱相互の緊結の金物相互は<br>　六角ボルト　　　1-M 16<br>　六角ナット　　　1-M 16<br>　角座金　　　　　2-W 6.0×54 | |
| | HD-N15 | t3.2、80、560、80 | 柱へ<br>　太め釘　　　　　16-ZN 90<br>土台へ<br>　座金付きボルト　1-M 16 W<br>　六角ナット　　　1-M 16<br>　角座金　　　　　1-W 6.0×54<br>柱相互の緊結の金物相互は<br>　六角ボルト　　　1-M 16<br>　六角ナット　　　1-M 16<br>　角座金　　　　　2-W 6.0×54 | |

## Zマーク表示金物（5）

| 種類 | 記号 | 形状・寸法（単位：mm） | 使 用 接 合 具 | 用　　　途 |
|---|---|---|---|---|
| 引き寄せ金物（ホールダウン金物） | HD-N20 | t3.2, 80, 660, 80 | 柱へ<br>　太め釘　　　　　20-ZN 90<br>土台へ<br>　座金付きボルト 1-M 16 W<br>　六角ナット　　　1-M 16<br>　角座金　　　　　1-W 6.0×54<br>柱相互の緊結の金物相互は<br>　六角ボルト　　　1-M 16<br>　六角ナット　　　1-M 16<br>　角座金　　　　　2-W 6.0×54 | 土台と柱の緊結<br>上下階の柱相互の緊結 |
| | HD-N25 | t3.2, 80, 585, 80 | 柱へ<br>　太め釘　　　　　26-ZN 90<br>土台へ<br>　座金付きボルト 1-M 16 W<br>　六角ナット　　　1-M 16<br>　角座金　　　　　1-W 6.0×54<br>柱相互の緊結の金物相互は<br>　六角ボルト　　　1-M 16<br>　六角ナット　　　1-M 16<br>　角座金　　　　　2-W 6.0×54 | |
| | S-HD 10<br><br>S-HD 15 | S-HD10 (40, t6, 200, 50, 69, 20)　S-HD15 (40, t6, 290, 50, 69, 20) | S-HD 10 は HD-B 10 と同様<br><br><br>S-HD 15 は HD-B 15 と同様，ただし角座金 W 6.0×54 は使用しない | |
| | S-HD 20<br><br>S-HD 25 | S-HD20 (40, t6, 380, 50, 69, 20)　S-HD25 (40, t6, 470, 50, 69, 20) | S-HD 20 は HD-B 20 と同様<br><br><br>S-HD 25 は HD-B 25 と同様，ただし角座金 W 6.0×54 は使用しない | |

## Zマーク表示金物(6)

| 種類 | 記号 | 形状・寸法（単位：mm） | 種類 | 記号 | 形状・寸法（単位：mm） |
|---|---|---|---|---|---|
| 太め釘 | ZN 40<br>ZN 65<br>ZN 90 | φ3.33, 7.14, 1.5, 38.1<br>φ3.33, 7.14, 1.5, 63.5<br>φ4.11, 8.74, 1.9, 88.9 | 座金付きボルト | M 16 W | t9.0, 80, φ16, M16, 50, L, 80<br>L:150 ボルトと同じ |
| スクリュー釘 | ZS 50 | φ5.2, 10, 50 | 角座金 | W 4.5×40 | t4.5, φ14, 40, 40 |
| 六角ボルト・六角ナット | M 12 | M12, 35, L, 19, 8, 19, 10 | | W 6.0×54<br>W 9.0×80 | t6.0, 54, φ18, 54<br>t9.0, 80, φ18, 80 |
| | M 12 | L：110,125,140,150,165<br>180,195,210,225,240,255,<br>270,285,300,315,330,345,<br>360,375,390,405,420,435,<br>450,480,510,540,570,600 | | | |
| | M 16 | M16, φ16, 40, L, 24, 13, 24, 10 | 小型角座金 | W 2.3×30 | φ14, 30, t2.3, 30 |
| | M 16 | L の表はM12と同じ | | | |
| 六角袋ナット・全ねじボルト | M 12×115 | M12, 115, 19, 10, 18.5 | 丸座金 | RW9.0×90 | φ18, φ90, t90 |
| | M 12 | | | | |
| 角根平頭ボルト | M 12 | 12, 22, 3, 65 | かすがい | C 120<br>C 150 | 120,150, 45, φ6 |
| 平釘 | ZF 55 | 6.8, 3.4, 6, 55, 10 | 手違いかすがい（右ひねりおよび左ひねり） | CC 120<br>CC 150 | 45, 45, φ6, φ6, 45, 120,150, 45, 120,150<br>右ひねり　左ひねり |
| アンカーボルト | A | 400, M12, 50 | | | |
| | A-60<br>A-70 | 112, φ16, M16, 100, 600,700 | | | |

# 大工道具事典

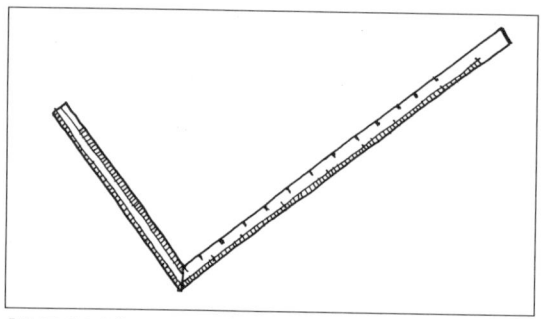

[**曲尺**(かねじゃく)] 木造建築の構造部材の墨付けに使われるL形の物差し。金属製で，尺寸あるいはメートルの目盛りが刻まれている。「指金(さしがね)」ともいう。

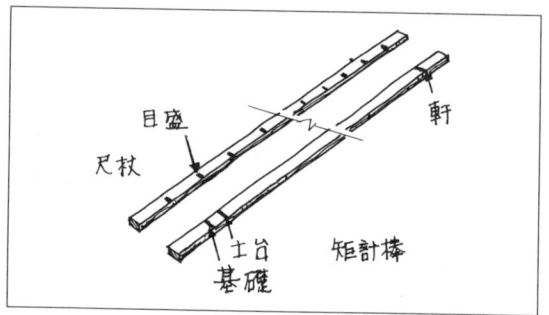

[**尺杖**(しゃくづえ)，**矩計棒**(かなばかりぼう)] 一尺ごとに目盛りをいれた定規棒を尺杖といい，柱に取り付く各部材の高さを印したものを矩計棒という。両方とも現場で大工が作る。

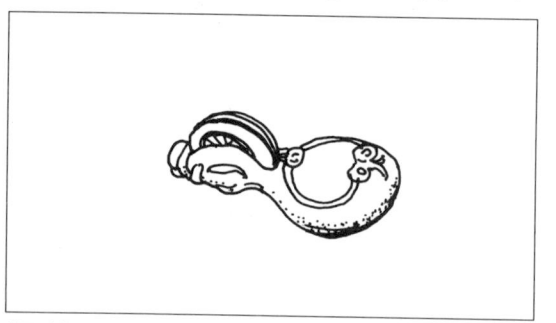

[**墨壺**(すみつぼ)] 材木の墨付けや現場の墨出しに用いる直線を印す道具。墨汁をしみ込ませた黒綿から引き出す墨糸を弾いて印をつける。

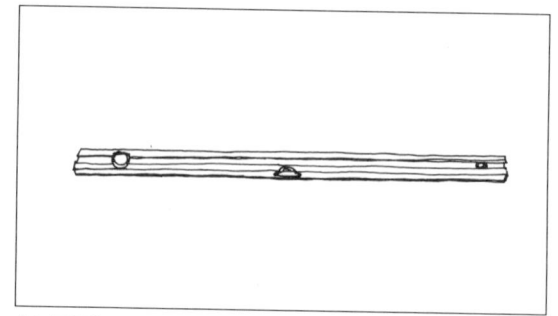

[**水平器**] 木製または金属製の正確な面の定規に，水準グラスを縦横2個取り付けて水を入れ，気泡の移動で水平や垂直を出すのに使う。

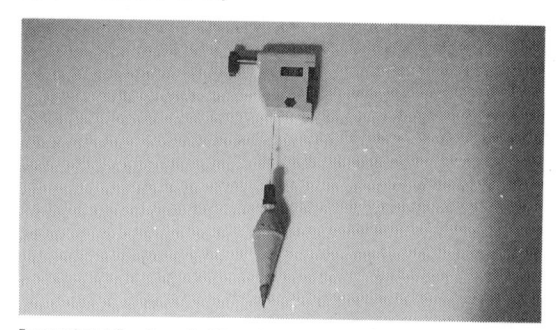

[**下げ振り**] 糸の先端に金属製の円錐形のおもりをつけて垂らし，垂直を調べたり，ある位置を真下に落とすための道具。

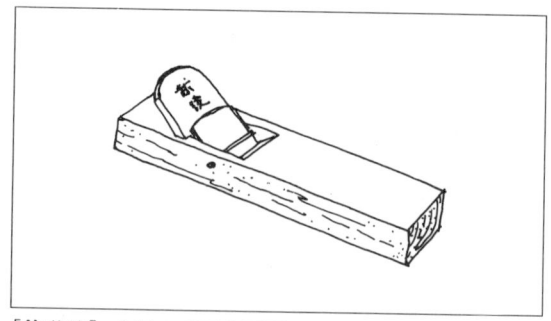

[**鉋**(かんな)] 木材の表面を平滑にし，木目を美しく仕上げるための道具。古代は槍(やり)鉋が使われていたが，現在では台鉋が一般的である。

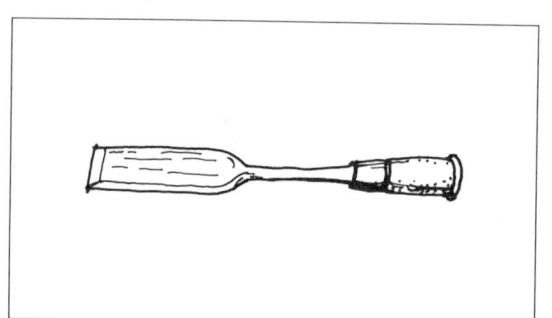

[**鑿**(のみ)] 木材の穴彫りや削り作業などに用いる道具。玄能で叩いて使う叩き鑿と，手で押して使う突き鑿とに大別される。

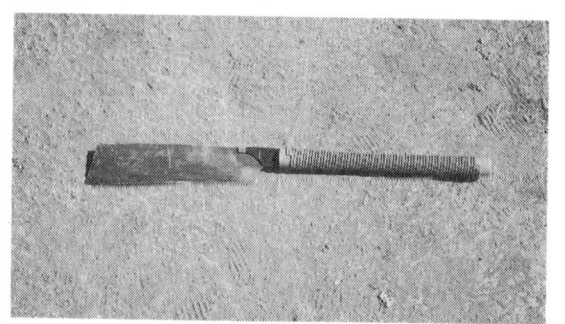

[**鋸**(のこぎり)] 木材を切断するのに用いる道具。薄い鋼板に細かい歯を持ち，木の繊維方向やその目的によりさまざまな種類がある。

134

# 大工道具事典

[玄能(げんのう)] 鑿の叩き込みや釘打ちに使われる道具で，頭と柄からなる。頭は片方が平面，他方は中高なので釘打ちの最後に使うと材木を傷つけない。

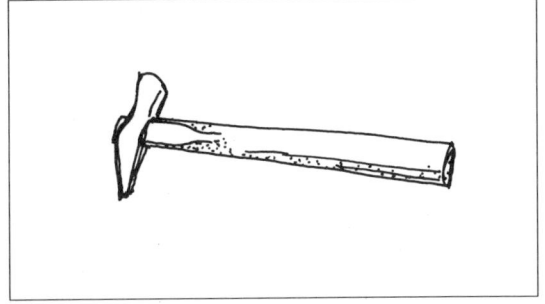

[金槌(かなづち)] おもに釘打ちに使われる一方が平面で，他方が尖った鋼鉄製の槌。「とんかち」とも呼ばれ，平面で釘を打ち，他方で穴をあける。

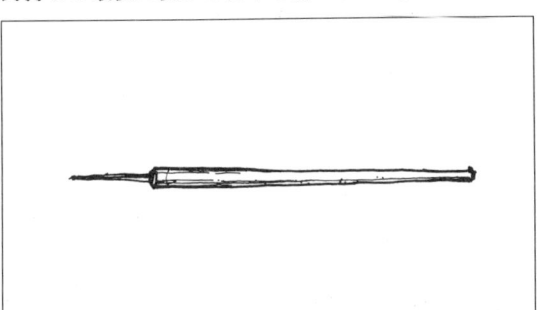

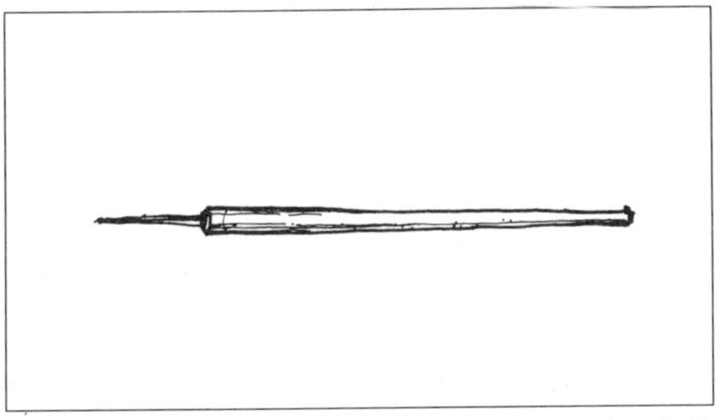

[錐(きり)] 木材に，釘打ち用の予備穴やボルト穴，太柄(ふとえ)穴などの比較的小さな穴をあけるための道具で，三つ目錐，四つ目錐などがある。

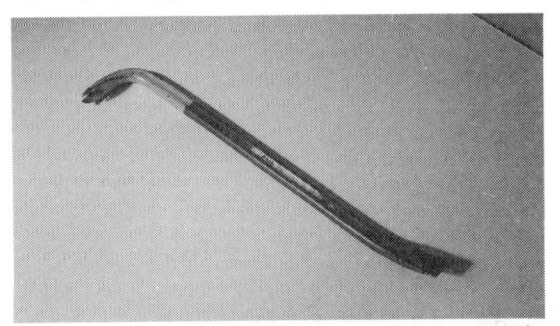

[釘抜き] 打ち込んだ釘を引き抜く鋼鉄製の道具で，てこの原理を利用したもの。「バール」とも呼ばれ，古くは万力形式のものがあった。

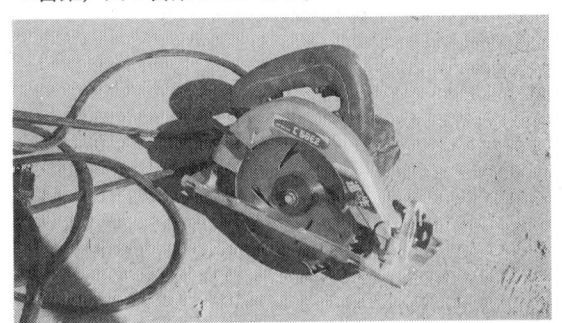

[電動丸鋸(まるのこ)] 円形の鋸刃を高速回転させて木材を切断する電動工具。持ち運びの可能なものがあり，最近の現場で一般的に使われている。

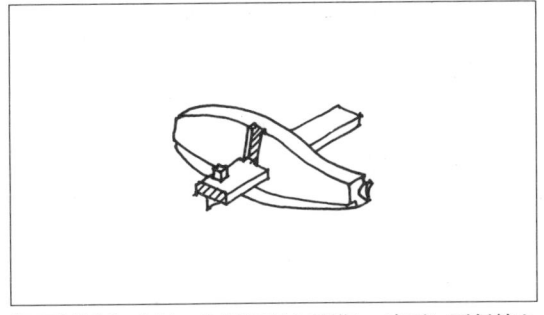

[罫引(けびき)] 木材の片側側面を基準に，表面に平行線を引くための道具で，定規板に竿を差し，その一方の端に刃を取り付けたもの。建具や指し物職が使う。

[電動釘打ち機/タッカー] 電動釘打ち機はピストンにより連続的に釘を打つ電動工具。タッカーは防水紙や断熱マットを止める時に使うU字形釘用の釘打ち機。

[電動サンダー] 研磨紙や研磨布を水平に移動させ，木材の表面を滑らかに研削する電動工具で，無垢(むく)の縁甲板やカウンタートップの研磨に使う。

135

# 付 設計者のための参考図（金森邸伏図）

本書の5ページ・設計概要では平面図，82ページ・解説コーナーでは耐力壁配置図が出てきましたが，ここでは伏図を紹介します。伏図は，建物の構造を表現する基本の図面であると同時に，基礎や木工事の見積りや施工に必要な設計意図を盛り込みます。また，中間検査では現場の施工と伏図のポイントを照合しますので，食い違いが起こらないようにすることが肝心です。

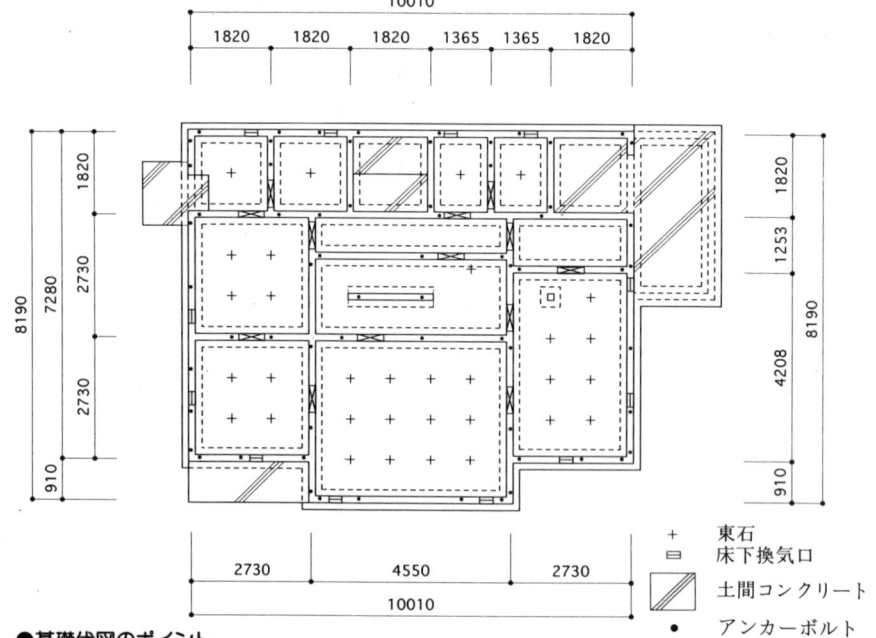

基礎伏図

凡例：
+ 束石
= 床下換気口
／／ 土間コンクリート
・ アンカーボルト

●基礎伏図のポイント
布基礎の配置と寸法，土間コンクリートを表示しますが，アンカーボルトや床下換気孔の位置も記載し，監理では現場と伏図を照合させます。

●1階床伏図のポイント
土台，火打ち土台，大引き，根太と柱の配置および寸法を表示します。通し柱の位置，耐力壁（筋かい）の位置と種類がわかるようにします。ここでは表示されていませんが，筋かいの取り付く柱脚金物を書き込んでおくと，現場でのチェックに便利です。

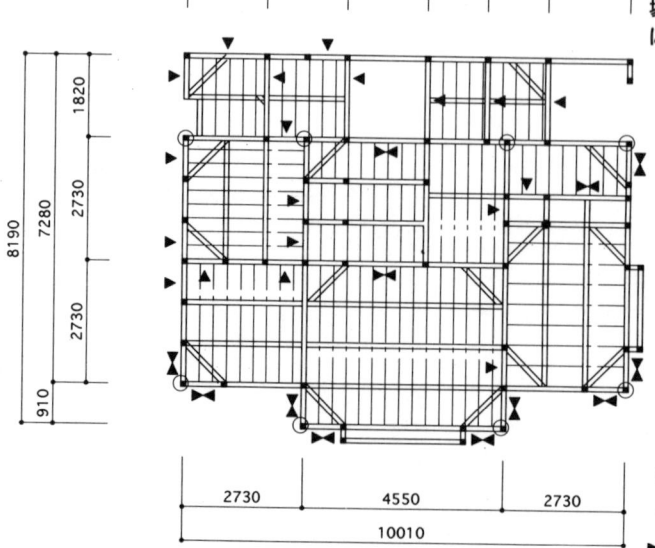

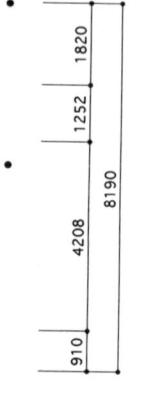

凡例：
○ 通し柱
▲◀ 筋かい：45×90
▶◀ たすき掛け筋かい：45×90×2

1階床伏図

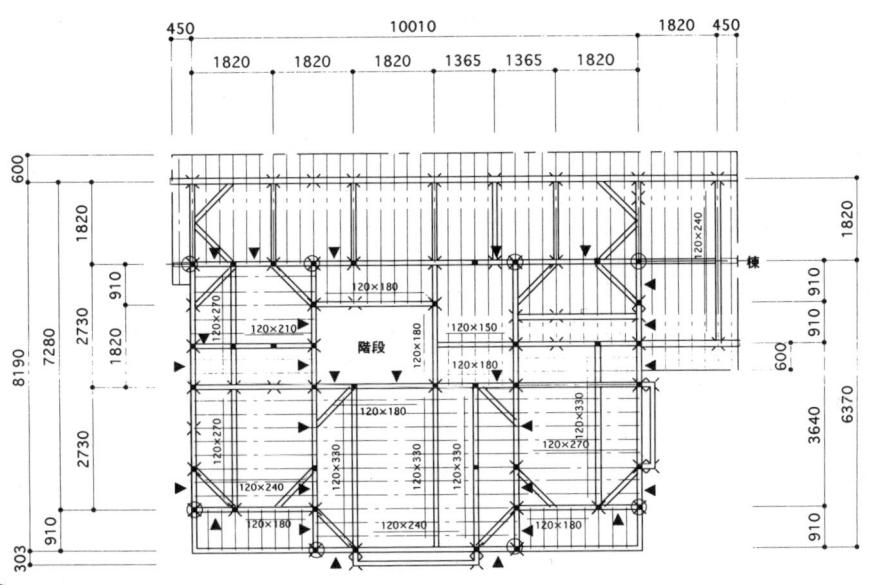

## 2 階梁床伏図

● 2 階床伏図のポイント
床梁の寸法は，標準以外は個別に特記します。中間検査では，耐力壁や火打ち梁の位置が図面と同じであるかを確認します。

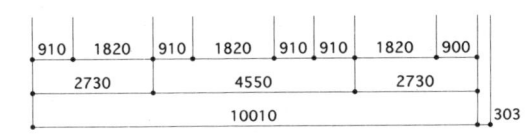

特記なき限り
根太：40×105@303
垂木：40×105@303

## 小屋伏図

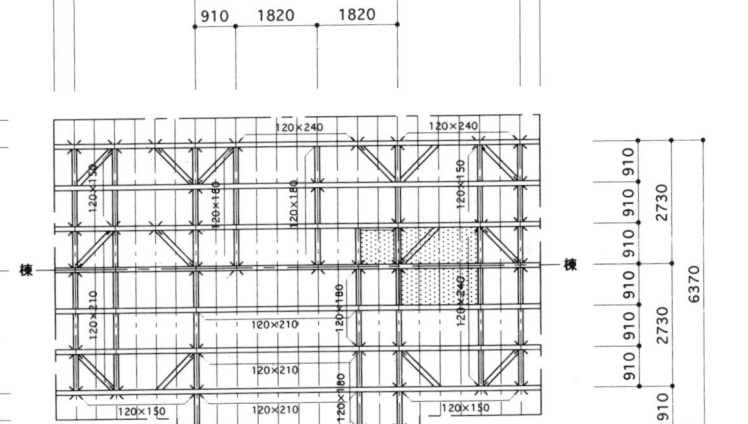

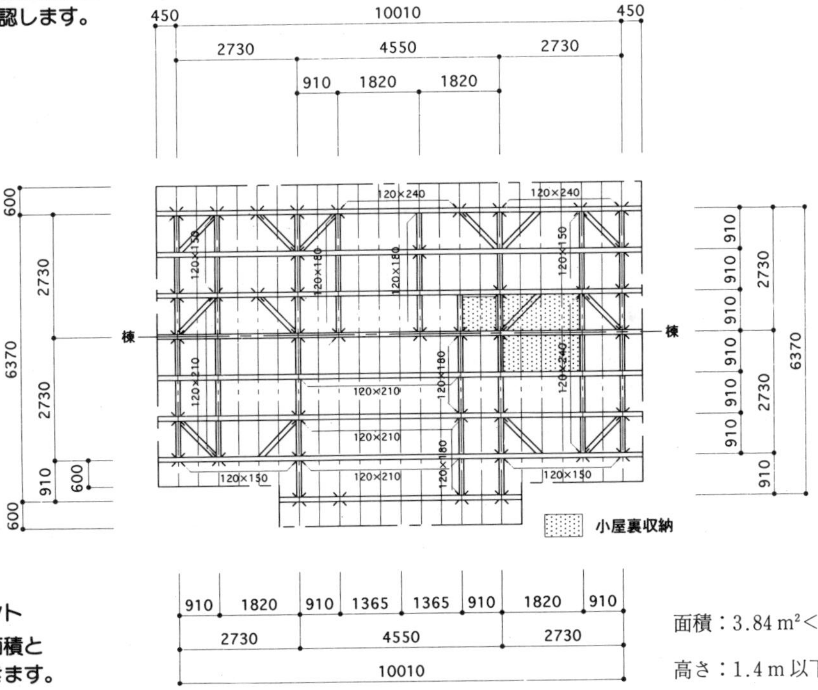

●小屋伏図のポイント
小屋裏収納は，床面積と高さを記載しておきます。

面積：$3.84 m^2 < \frac{1}{8}$ 2 階床面積

高さ：1.4m 以下

◎マンガ作成にあたり参考にした書籍

『木造住宅工事共通仕様書 平成14年度版』（解説付）　住宅金融公庫建設サービス部監修

『新版 公庫木造住宅仕様書の解説』　住宅金融公庫監修

『木造軸組工法住宅 設計・施工技術指針』　日本木造住宅産業協会

『Zマーク表示金物・木造住宅用接合金物の使い方』　日本住宅・木材技術センター

『木造住宅耐久性向上の手引』　建設省住宅局住宅生産課監修 日本住宅・木材技術センター編 丸善

『住宅デザインと木構造』　飯塚五郎蔵　丸善

『木材の知識』　上村武　経済調査会

『新建築設計ノート 構造計画の進めかた』　西日本工高建築連盟編　彰国社

『瓦と屋根構造』　建築技術

『図説 木造建築事典 基礎編』　木造建築研究フォラム編　学芸出版社

『和風デザイン図鑑』　建築知識

『地震に強い［木造住宅］の設計マニュアル』　建築知識

『木造建築用語辞典』　小林一元・高橋昌巳・宮越喜彦・宮坂公啓編　井上書院

『結露をとめる』　山田雅士　井上書院

『新装版 大工道具入門 選び方・使い方』　永雄五十太　井上書院

◎マンガ作成にあたり協力していただいた方および工務店，材木店

　柏原和子

　株式会社大関工務店

　高山木材株式会社

●技術解説
　貝塚恭子（かいづか きょうこ）
　　1969年　武蔵野美術大学産業デザイン科卒業
　　現　在　一級建築士事務所ゴンドラK

　片岡泰子（かたおか やすこ）
　　1966年　日本女子大学家政学部住居学科卒業
　　現　在　片岡泰子建築研究室主宰（株式会社お茶の水設計工房）

　小林純子（こばやし じゅんこ）
　　1967年　日本女子大学家政学部住居学科卒業
　　現　在　有限会社設計事務所ゴンドラ代表

●執筆協力
　是安国男（これやす くにお）
　　1968年　大阪工業大学工学部建築学科卒業
　　現　在　社団法人新都市ハウジング協会構造認定審査員
　　前　　財団法人日本住宅・木材技術センター技術開発部長

●原作
　石井圭子（いしい けいこ）

●マンガ
　平野正信（ひらの まさのぶ）Bee-noise

---

マンガで学ぶ　木造住宅の設計監理・改訂版

1997年12月25日　第1版第1刷発行
2003年4月30日　改訂版第1刷発行

著　者　貝塚恭子・片岡泰子・小林純子Ⓒ
マンガ　平野正信Ⓒ
発行者　関谷　勉
発行所　株式会社　井上書院
　　　　東京都文京区湯島2-17-15　斎藤ビル
　　　　電話（03）5689-5481　FAX（03）5689-5483
　　　　http://www.inoueshoin.co.jp/
　　　　振替 00110-2-100535
装　幀　川畑博昭
印刷所　株式会社　オーイ・アート・プリンティング
製本所　誠製本株式会社

・本書の複製権・翻訳権・上映権・譲渡権・公衆送信権（送信可能化権を含む）は株式会社井上書院が保有します。
・JCLS〈㈱日本著作出版権管理システム委託出版物〉
本書の無断複製は著作権法上での例外を除き禁じられています。複写される場合は、そのつど事前に㈱日本著作出版権管理システム（電話03-3817-5670, FAX03-3815-8199）の許諾を得てください。

ISBN 4-7530-0618-2　C3052　　Printed in Japan

## 好評既刊 マンガで学ぶ シリーズ

■人にも環境にもやさしい木組み・土壁の家づくり

### 木の家・土の家
小林一元・高橋昌巳・宮越喜彦　B5判・144頁　本体2500円

■ツーバイフォー住宅の施工監理のポイント

### ツーバイフォー住宅
日本ツーバイフォー建築協会監修　B5判・144頁　本体2500円

■高齢者に配慮した住まいのリフォームを通してわかるICの実務

### インテリアコーディネーターの仕事
社団法人インテリア産業協会監修　B5判・152頁　本体2700円

■コスト，安全を考えた根切り・山留め工事の計画から施工管理まで

### 根切り・山留めの計画と施工管理
安全な地下工事を考える会　B5判・168頁　本体2700円

■鉄筋コンクリート造での配筋の役割りを理解するための入門書

### 建物の配筋 [増補改訂版]
可児長英監修　B5判・154頁　本体2700円

■コンクリート工事における品質管理のポイント

### コンクリートの品質・施工管理
コンクリートを考える会　B5判・154頁　本体2700円

■鉄骨工場から現場まで，的確な監理のためのポイント

### 鉄骨建物の監理 [改訂版]
大成建設建築構造わかる会　B5判・150頁　本体2700円

■建築工事のあらゆる電気設備の基本を網羅

### 建築電気設備入門
田尻陸夫　B5判・144頁　本体2500円

＊本体価格には別途消費税が加算されます